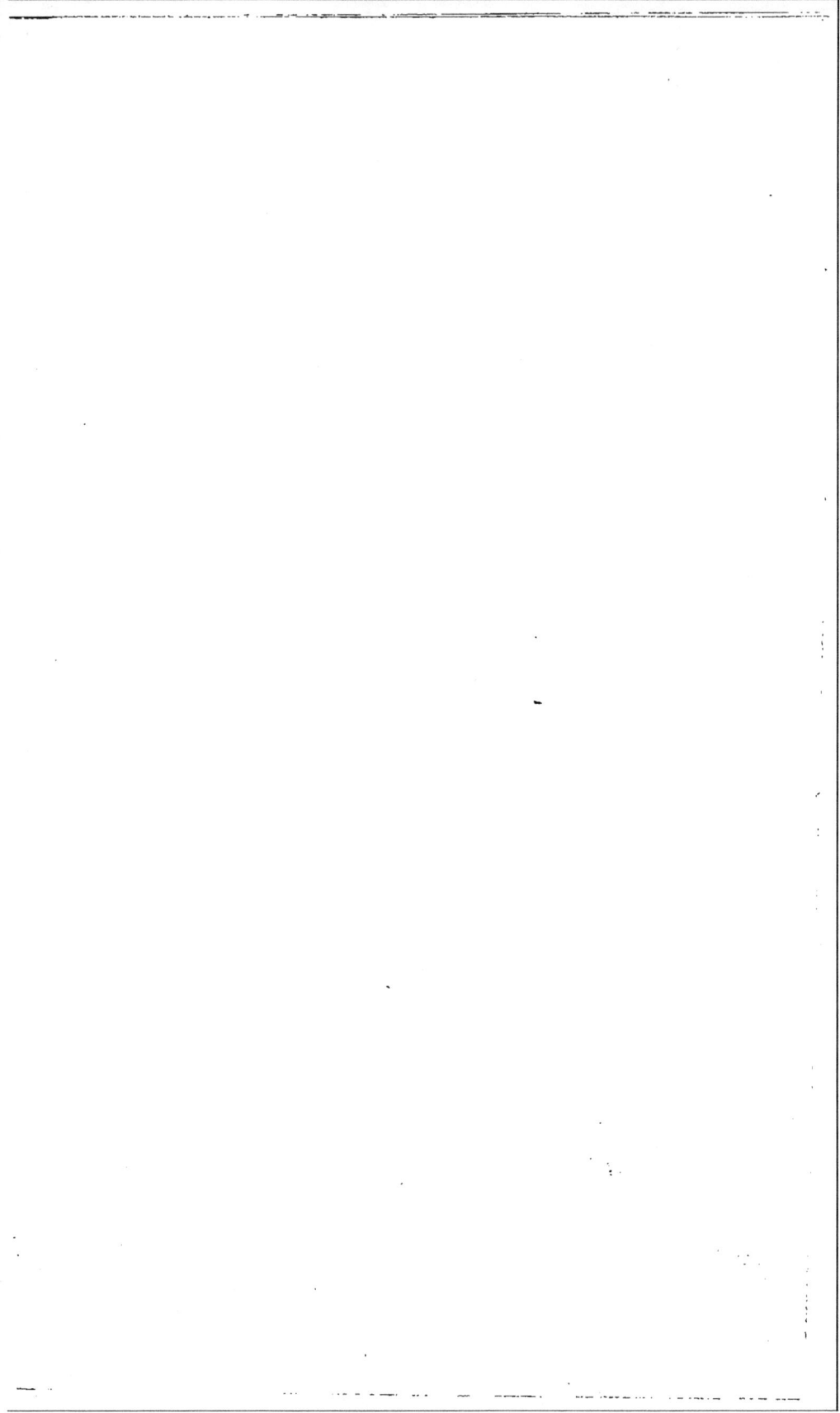

LK⁷795

MÉMOIRE HISTORIQUE

SUR

L'ABBAYE DE BAUME-LES-DAMES.

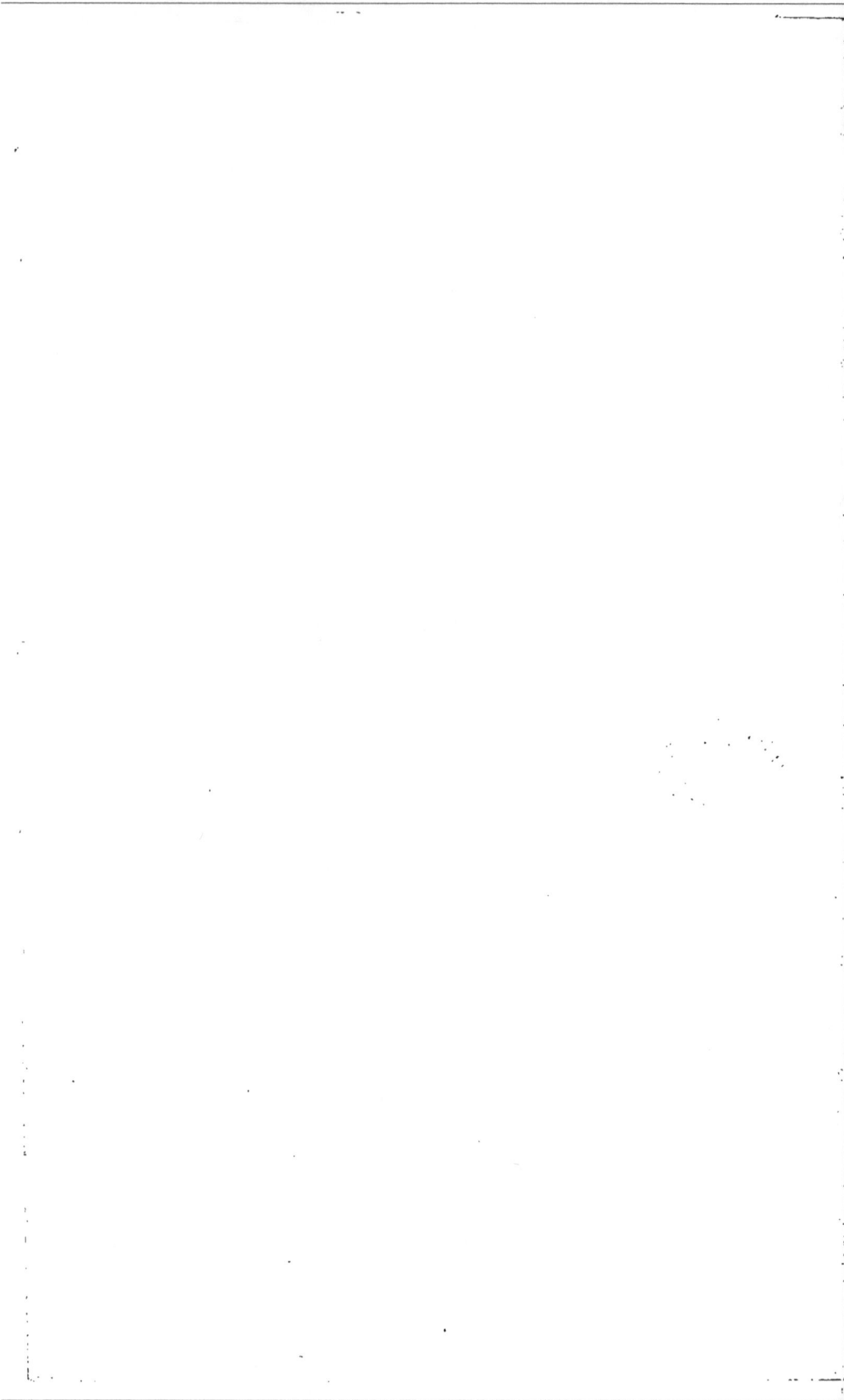

MÉMOIRE HISTORIQUE

SUR

L'ABBAYE DE BAUME-LES-DAMES,

PAR

L'ABBÉ L. BESSON.

OUVRAGE COURONNÉ PAR L'ACADÉMIE DES SCIENCES, BELLES-LETTRES
ET ARTS DE BESANÇON,
DANS SA SÉANCE PUBLIQUE DU 24 AOUT 1844.

BESANÇON.

TURBERGUE ET JACQUOT, LIBRAIRES,

RUE SAINT-VINCENT, 51.

1845.

BESANÇON. — IMPRIMERIE DE BINTOT.

L'*Académie des sciences, belles-lettres et arts de Besançon*, dans sa séance publique du 24 août 1844, a décerné à ce Mémoire la moitié du prix d'histoire qu'elle avait mis au concours. Ce succès m'a engagé à publier mon travail après l'avoir revu et corrigé. MM. Ed. *Clerc*, *Guyornaud* et *Duvernoy*, membres de la commission d'examen, voudront bien agréer l'expression de ma reconnaissance. Leurs utiles observations ont doublé pour moi le prix de leurs suffrages. Je dois les mêmes remercîments à M. *Weiss*, dont les encouragements sont si flatteurs pour la jeunesse, et à M. l'abbé *Richard*, curé de *Dambelin*, qui m'honore de son amitié et m'aide quelquefois de ses conseils.

J'offre à la ville où j'ai reçu le jour et les bienfaits de l'éducation, cet essai sur le plus beau et le plus ancien de ses monuments, heureux si, en lui donnant cette preuve de mon dévouement, je puis lui être agréable et utile.

MÉMOIRE HISTORIQUE

SUR

L'ABBAYE DE BAUME-LES-DAMES.

CHAPITRE PREMIER.

Fondation de l'abbaye de Baume. — Opinions diverses sur ce sujet. —
Quelle est la plus vraisemblable ? — Légende de St. Ermenfroi, abbé
de Cusance. — Coutumes anciennes de l'abbaye de Baume. — Ste. Odille
est élevée dans ce monastère. — Elle y recouvre miraculeusement la
vue dans le baptême. — Costume de Ste. Odille. — Du rôle et de
l'importance de l'abbaye de Baume dans ces premiers temps.

Au centre de la ville de Baume, s'étend une place ir-
régulière dont l'enceinte est formée par des maisons bien
bâties et heureusement distribuées. L'aspect de cet emplacement, l'église qui le domine de sa coupole élevée, les
rues étroites qui y conduisent, tout annonce les restes
d'un monastère. Ce fut en effet une de nos plus célèbres
abbayes. Comme les illustres maisons dont elle recevait
les filles, elle cache son origine dans l'obscurité des
siècles les plus reculés. De mystérieuses légendes entourent son berceau des plus grands personnages· entre

lesquels nos historiens ont choisi , selon leur système, le
fondateur de l'abbaye.

D'après les traditions du pays , saint Germain, évêque
de Besançon , mériterait l'honneur de la fondation. Cette
opinion , généralement répandue dès le commencement
du 13ᵉ siècle, avait été accréditée par un recueil de légendes que l'on conservait dans la sacristie de l'abbaye ,
et d'où Chifflet tira la chronique de saint Germain. On
sait ce que rapporte l'auteur du *Vesontio* : qu'en 396,
saint Germain ayant été décapité par les Ariens à Grand-
fontaine, reçut sa tête entre ses bras, se releva et se di-
rigea vers Baume, où il avait établi un couvent de femmes.
Ce lieu serait devenu ainsi le dépositaire de son corps (1).

Il est vrai que l'existence de saint Germain ne saurait
être mise en doute. Ses reliques que l'on conserve pré-
cieusement à Baume , son nom qui se trouve inscrit dans
les plus anciens martyrologes du diocèse , son office
propre qui fait partie de notre bréviaire , les diverses
églises qui ont choisi ce saint pour patron , tout nous
assure qu'il a été évêque de Besançon. Mais l'époque de
son épiscopat était plus difficile à déterminer. Ce point
d'histoire mis en contestation par Dunod (2) , éclairci

(1) Vesont. pars 2 , p. 58 et seq.
(2) Hist. de l'Eglise de Besançon, t. I , p. 35.

par D. Ferron (1), est jugé maintenant. Il est reconnu qu'il n'y eut point d'Ariens dans la Séquanie avant l'arrivée des Bourguignons, vers le milieu du 5e siècle, et que, d'après la teneur même de la légende, le saint Martyr fut la victime des payens et non point des hérétiques. Saint Germain paraît donc avoir occupé le siége de Besançon avant le règne de Constantin, durant les persécutions. M. Ed. Clerc, après D. Ferron, lui assigne le 3e rang parmi nos évêques et le place vers la fin du 3e siècle (2). Ainsi devient-il impossible d'attribuer à saint Germain l'établissement d'un cloître. D'ailleurs eût-il vécu plus tard, l'opinion que nous combattons ne serait guères mieux prouvée. Car le moine anonyme de Condat nous assure qu'avant saint Romain qui éleva cette abbaye, nommée depuis Saint-Claude, il n'y avait dans la Séquanie aucune congrégation religieuse (3). On n'a pas imaginé moins gratuitement la destruction de l'abbaye de Baume par Attila en 451. C'était pour rattacher la légende de saint Germain à celle de Gontran, roi de Bourgogne et du comte Garnier, son favori. On assigne pour date aux aventures que nous allons raconter, les

(1) Documents inédits, t. II, p. 112.
(2) Essai sur l'hist. de la Fr.-Comté, t. I, p. 45.
(3) Vie de St. Romain, par un auteur anonyme.

dernières années du 6e siècle. Garnier mourut en 603 , selon la chronique de Vignier, citée par Chifflet (3) , et Gontran était mort dès 599.

Or, le roi Gontran, étant un jour à la chasse, s'égara à la poursuite d'une biche avec Garnier, le comte de son palais. Après une longue course, ils s'arrêtèrent pour se désaltérer , aux bords d'un ruisseau qui baignait les ruines d'un monastère , et le Prince fatigué s'endormit sur les genoux du courtisan. Garnier, pendant le sommeil de son maître , aperçut une belette qui courait le long du ruisseau , comme si elle eût cherché à le traverser. Il prit son épée et la glissa sans bruit de l'un à l'autre bord. La belette, après plusieurs allées et venues , trouva ce pont nouveau , le franchit et alla se perdre dans un trou à quelque distance de la source. Le Roi, s'étant éveillé sur ces entrefaites, raconta à son favori un songe qu'il avait eu. Il avait vu une belette essayer inutilement de passer un fleuve , lorsqu'un pont de fer s'était élevé tout-à-coup devant elle. L'animal l'ayant traversé était entré dans une caverne où le Roi l'avait suivi en rêve et où il avait découvert un trésor. Sur cela, le comte fit à son tour le récit de son aventure, en ajoutant que puisque le songe était déjà vérifié en partie, il fallait voir s'il ne se

(1) Vesont. pars 2.

réaliserait pas entièrement. On creusa donc à l'endroit où la belette avait disparu et on y trouva un trésor considérable (1).

C'est le chroniqueur Amoin, qui nous apprend cette histoire merveilleuse. Chifflet, après l'avoir rapportée, l'a augmentée de la tradition de Baume. Ainsi, Gontran vit s'élever sur les ruines de l'abbaye un nuage d'où sortait une main aux doigts étendus et dont la paume se tournait vers lui. Docile à cette inspiration, il chargea le comte Garnier d'employer le trésor au rétablissement du monastère de Baume. Amoin dit au contraire que le Roi acheta un ciboire d'un poids énorme et d'un travail exquis, dont il fit présent à l'abbaye de saint Marcel de Châlons.

Une saine critique ne saurait sans doute admettre un pareil récit. Plus d'un historien l'a traité de conte ridicule (2). Pour Dunod, qui le rejette aussi, il fixe d'abord la fondation de l'abbaye de Baume au 7ᵉ siècle, puis la renvoie au 9ᵉ dans une note marginale (3), et plus tard,

(1) De cette légende vient le nom de Vigne-du-Trésor que porte un héritage situé non loin des fontaines de la ville. Selon une ancienne charte, cette dénomination était déjà connue en 1347.

(2) Hugues du Temps, clergé de France. — Id. de Vallois, hist. de France.

(3) Hist. du Comté, t. I, p. 154.

dans l'histoire de l'Église de Besançon, l'attribuant, par une contradiction nouvelle, au duc Garnier, de Digne, contemporain de Charlemagne, il décide enfin, selon Albéric et Hugues de Saint-Victor, qu'elle date de l'an 763 (1).

Il serait peut-être plus raisonnable de dépouiller les faits des formes fantastiques dont la plume des légendaires les a revêtus, et de retenir comme vrai le fond de la tradition. La fondation de l'abbaye de Baume par un prince de Bourgogne est assez vraisemblable. Dans divers actes, la maison de nos souverains s'honore d'avoir bâti le monastère. Celui-ci possédait déjà au 11ᵉ siècle, dans le Duché, des droits fort anciens dont aucun titre ne rappelle l'acquisition, et qui semblent avoir été une concession royale. Le tombeau présumé du comte Garnier, qui reposait dans notre abbaye, vient encore à l'appui de cette conjecture. Chifflet, et Dunod après lui, ont donné de ce monument une description inexacte. Rectifions-la sur des renseignements authentiques.

Le tombeau de Garnier était supporté par trois colonnes et orné d'un pareil nombre de bas-reliefs. Celui de droite représentait un homme assis, les jambes croisées, ayant un cor de chasse passé en écharpe. Des chiens

(1) Hist. de l'Eglise de Besançon, p. 109.

s'approchaient de lui pour le caresser et on voyait à ses pieds une biche étendue. A gauche, on retrouvait la même figure, mais dans une autre attitude. Sur ses genoux, reposait un personnage endormi dont la tête était ceinte d'une couronne garnie de trèfles. Les chapiteaux des piliers qui soutenaient ces deux bas–reliefs, étaient chargés de belettes. Dans le bas-relief du milieu, le second personnage était couché sur le côté droit, la tête appuyée sur sa main. Deux anges portant des croix, apparaissaient derrière lui. Au-dessus et comme sortant d'un nuage, on voyait une main dont les doigts étaient étendus et la paume tournée du côté du Prince. Une colombe, symbole de la révélation, occupait le chapiteau du milieu ; et à la tête du monument se trouvait un ange tenant entre ses bras un coffre fermé. Cette dernière figure était cachée par la colonne. De l'aveu même de Dunod (1), le costume des personnages était parfaitement en harmonie avec l'époque à laquelle on rapporte le tombeau de Gontran. Cet antique essai d'un art grossier n'offrait que des sculptures mal travaillées. Rien cependant n'y révélait l'architecture gothique. Il semblait l'avoir précédé et appartenir encore au style Lombard. Selon l'historien du comté de Bourgogne, on aurait, de son temps, ouvert le tombeau sans

(1) Hist. du Comté, t. I, p. 154.

y trouver aucuns restes humains. Cette assertion est contredite par Perreciot. « J'étais présent, dit-il, le 28 décembre 1768, avec plusieurs personnes de considération, lorsque Mme l'abbesse fit ouvrir le tombeau de Garnier pour le transporter dans le nouveau chœur de son église. On y trouva des ossements à peu près ce qu'il en fallait pour former un squelette, mais tellement consumés que beaucoup, en les pressant tant soit peu, se réduisaient en poussière. La tête était déjà calcinée. A la réserve de quelques petits morceaux et des mâchoires auxquelles restaient la plupart des dents, tous les os étaient désassemblés, même les vertèbres de l'épine dorsale (1). »

En ne tenant compte que du fond de la légende et de l'idée dominante du monument, il paraît que le principal personnage avait couru quelque danger à la chasse, qu'il en fut tiré d'une manière miraculeuse et que, pour accomplir un vœu, il fit bâtir le monastère de Baume. Le nom de *Palma* donné à la ville (2), cette main étendue

(1) Le tombeau de Garnier, placé dans l'église abbatiale à droite du maître-autel, subsista jusqu'à la révolution. Le peuple le détruisit alors en haine des aristocrates. On a conservé au château d'Esnans quelques restes des colonnes qui soutenaient ce monument. Ils sont en pierre bleue et paraissent avoir été assez grossièrement travaillés. Les ossements qu'ils renfermaient ont été déposés au cimetière de Cour-les-Baume.

(2) Baume, comme tous les autres lieux qui portent le même nom, est ainsi appelé à cause des montagnes qui l'entourent et des grottes qui l'avoisinent. C'est dans ce sens qu'il est nommé quelquefois *Balma*. Le

qui a toujours été la pièce principale de ses armes comme de celles du Chapitre, toutes les traditions unanimes à interpréter ce nom et ces emblêmes par la légende de Gontran, voilà des faits qui méritent d'être pris en considération. Cette conformité à faire du même signe le fond de plusieurs armoiries est une preuve indubitable qu'il rappelait quelque événement important. On peut croire, d'après ces données, que le couvent de Baume fut établi par Gontran, roi de Bourgogne, ou par son ministre, en exécution d'une promesse sacrée. Ce fut sans doute alors qu'il reçut pour apanage les reliques de saint Germain. Car on ne fondait point d'églises ou de cloîtres, sans les placer ainsi sous la sauve-garde d'un martyr ou de tout autre grand serviteur de Dieu. Cette circonstance a fait penser plus tard que saint Germain avait lui-même élevé notre monastère.

Au reste, sans nous occuper davantage du fondateur, la légende mensongère que nous avons rapportée, atteste un fait authentique, c'est-à-dire l'existence de l'abbaye de Baume dès le temps même de Gontran. En effet, dans le siècle suivant, cette maison n'est point une retraite obscure qui commence à peine. Déjà elle se rattache à

mot *Palma* n'a pas la même étymologie, et on ne peut l'expliquer que par la légende de Gontran.

l'histoire d'Alsace par le souvenir de sainte Odille, et ses coutumes anciennes nous sont révélées par Egilbert, prévôt de Cusance. Entrons dans quelques détails.

A la fin du 6e siècle, dans une assemblée d'évêques réunis par Clotaire, saint Eustaise, disciple de saint Colomban, fut choisi pour ramener dans le sein de l'Église ceux des Bourguignons qui s'en étaient éloignés. Une peuplade, chassée des rives du Rhin, et qui, du lieu qu'elle habitait, avait pris le nom de Stadwangues, était venue camper dans la vallée du Doubs; et nos ancêtres, chez qui la foi s'était déjà altérée par l'arianisme, avaient reçu, avec la loi de ces barbares, leurs erreurs religieuses. Une forteresse dont le nom bizarre rappelle un combat, *vin cunt milites*, que Perreciot conjecture sur des preuves assez plausibles n'être autre chose que le château de Baume, était la demeure du chef puissant auquel obéissaient les Stadwangues victorieux. Ce chef se nommait Isérius. Il vivait dans l'inceste avec Randone, sa belle-sœur. Saint Eustaise le convertit, lui et son peuple. Cusance, fondé alors dans une solitude profonde, à l'extrémité de la terre de Baume, devient le séjour de Randone dont il se sépare, et Islia, leur fille, est à la tête du monastère qui s'y élève (1).

(1) M. Ed. Clerc, t. I, p. 146.

L'héritier des domaines d'Isérius, son frère peut-être, Ermenric avait deux fils, Waldelène et Ermenfroi, qui conservèrent dans le palais de Clotaire où leur père les avait envoyés, l'innocence de leurs cœurs et le dégoût des vanités mondaines. Ayant obtenu de quitter la cour, ils revinrent dans leurs terres et gardèrent une chasteté perpétuelle. Waldelène mourut en odeur de sainteté. Son frère, plus parfait encore, se retira à Cusance, après Islia, sa parente, dont il recueillit l'héritage dévasté par la peste et abandonné de ses premiers habitants. Ce fut là que, sous le patronage de Luxeuil, il réunit plus de 300 moines sous sa conduite et leur donna l'exemple de la vertu la plus austère. Son passage de la vie mortelle à la vie céleste fut marqué par différents prodiges. Une clarté éblouissante descendit du ciel sur son corps, comme pour le consacrer, lorsqu'il allait rendre à Dieu le souffle pur qui l'animait, et cette clarté fut aperçue par les bergers du lieu qui veillaient à la garde de leur troupeau. « Mais, ajoute Egilbert, il ne faut pas passer sous silence » qu'une Vierge qui vivait au monastère de Baume, » éloigné d'environ six milles de celui de Cusance, ap- » pela sa servante : allez, lui dit-elle, annoncer à Vuar- » nier (1) et à nos sœurs qu'Ermenfroi passe en ce

---

(1) Vuarnarius hic fuit verisimiliter monachus seu presbyter qui virginibus illis divina ministrabat. (Note des Bolland. sur le texte d'Egilbert).

» moment de cette vie dans le sein de Dieu. Or, c'était
» une coutume ancienne dans ce monastère que les
» vierges à qui l'Esprit saint inspirait le désir d'une
» plus grande perfection, se fissent recluses et ne con-
» servassent avec elles qu'une seule domestique (1). »

Ce témoignage d'un auteur qui écrivait vers l'an 720,
ne laisse plus de doute sur l'antiquité de l'abbaye de Baume.
Malgré ses préventions, le judicieux Dunod ne l'aurait
point méconnu (2). Mais il ne pouvait parler de saint
Ermenfroi que d'après les annales bénédictines et les leçons du bréviaire, puisque le manuscrit d'Egilbert n'avait
pas encore été publié par les Bollandistes. C'est cet
ouvrage qui a répandu le jour sur notre histoire.

Selon le texte du prévôt de Cusance, la vie commune
n'aurait point été en usage à Baume, du moins pour les
religieuses qui aspiraient à une plus grande perfection.
Telle est peut-être l'origine de la vie séparée et des adou-
cissements sans nombre qu'elle amena avec elle. Ainsi
une coutume qui favorisait la piété, devint ensuite le

(1) Bolland. 25 septembre.

(2) Lorsque Dunod demanda à visiter l'abbaye de Baume, il fut mal
reçu par le régisseur et ne put obtenir de voir les archives. A défaut de
titres, il fut réduit à des conjectures sur un grand nombre de points.
Peut-être garda-t-il quelque rancune à ce monastère, dont il rabaissa
l'antiquité dans tous ses ouvrages.

prétexte du relâchement. Mais le 7° siècle ne fut pour
Baume qu'un siècle de vertus et de bénédictions.

Dans les derniers jours de saint Ermenfroi, vers l'an
662, on amena dans l'abbaye de Baume une jeune prin-
cesse qui fit la gloire de cette maison. C'était la fille d'A-
dalric, duc d'Alsace et de Bérésinde, tante maternelle
de saint Léger. Son père dont les mœurs étaient encore
à demi barbares, voulait la tuer, parce qu'elle naquit
privée de la vue. Soustraite par sa mère aux accès de cette
bizarre fureur, l'enfant fut cachée d'abord dans les environs, puis envoyée au monastère de Baume dont la tante
de Bérésinde était abbesse. La fille d'Adalric n'avait point
reçu le baptême. Etait-ce un effet de la précipitation que
l'on mit dans la fuite, ou bien un reste de la coutume
que l'on avait encore au 5ᵉ et au 6ᵉ siècle de ne baptiser
les enfants qu'à l'âge de raison? «Quoi qu'il en soit, s'é-
» crie un de nos vieux chroniqueurs, il avait été dans les
» desseins de la providence que toutes choses dussent se
» passer ainsi, afin qu'un miracle éclatant marquât l'ad-
» mission de la jeune fille dans la communion chrétienne.
» Car dans ce temps vivait en Bavière l'évêque saint Er-
» hard sur qui reposait la bénédiction de Dieu ; et ce
» prélat eut une vision pendant laquelle il lui fut enjoint
» de se rendre sur-le-champ au couvent de Baume. Une

» voix lui avait dit : là tu trouveras une jeune servante
» du Seigneur, tu la baptiseras, lui donneras le nom
» d'Odille, et au moment du baptême, ses yeux qui n'ont
» jamais été ouverts, verront la lumière (1). »

Saint Erhard partit sans délai. Selon quelques historiens, il prit à dessein le chemin des âpres montagnes de
la Lorraine, pour communiquer sa vision à son frère
Hidulphe qui, après avoir quitté le siége de Trèves, avait
fondé dans un lieu sauvage nommé depuis Moyen-Moûtier,
la retraite de ses derniers jours. Les deux saints vinrent
ensemble à Baume, où ils trouvèrent la fille d'Adalric
parfaitement instruite de tous les dogmes de la religion.
Elle avait déjà treize ans ; et les dames qui l'élevaient,
ignoraient comme elle le triste état de son âme. Saint
Erhard commença la cérémonie du baptême. Selon la
coutume du temps, il plongea la jeune aveugle dans les
eaux sacrées, et, saint Hidulphe l'ayant relevée, il lui
fit sur les yeux les onctions du saint chrême, en s'écriant
d'une voix prophétique : « Au nom de Jésus-Christ,
» soyez désormais éclairée des yeux du corps et des yeux
» de l'âme ! »

Il parlait encore, les paupières de la jeune fille s'en-

(1) Vie de Ste. Odille, tirée de D. Mabillon.—Boll. vie de St. Erhard,
8 janvier.—Vie de Ste. Odille par le ch. Pelter.

tr'ouvrirent, et ses yeux brillèrent du plus vif éclat. Le pieux évêque imposa à la nouvelle chrétienne le nom d'Odille qui signifie fille de lumière ou Dieu est ton soleil; il bénit un voile blanc, l'en couvrit et lui annonça que le ciel lui réservait d'autres grâces non moins précieuses que la première, si elle demeurait fidèle à sa vocation (1).

Après le départ des saints prélats, Odille passa encore plusieurs années au monastère de Baume. On admirait les charmes de sa figure et ses cheveux blonds dont tous les chroniqueurs célèbrent la beauté merveilleuse. Mais surtout, dit l'un d'eux, « sa piété tendre lui gagnait tous » les cœurs. On voyait que les trésors de la grâce repo- » saient en elle, et que, dès son premier essor, cette » âme jeune et pure s'élevait déjà vers les choses célestes » d'un vol rapide, semblable à celui de la douce colombe » aux ailes éployées (2). » On raconte aussi quels soins attendrissants Odille donna à sa nourrice qui l'avait suivie à Baume, comment ses discours lui adoucirent les souf- frances d'une longue maladie, et avec quelle piété filiale elle voulut lui rendre elle-même les devoirs de la sépul- ture. Le tombeau de la nourrice fut ouvert quatre-vingts ans après. On trouva parfaitement conservée la mamelle

(1) Tous les historiens s'accordent sur ce point.
(2) Vie de Ste. Odille, par le ch. Pelter.

droite qui avait allaité sainte Odille; le reste du corps était réduit en cendres (1).

A l'âge de vingt-deux ans, la jeune sainte quitta l'asile de son enfance pour retourner à la cour de son père. Dès lors son histoire ne nous appartient plus. Elle demanda vainement la permission de revenir à Baume pour se con- sacrer au Seigneur par des vœux irrévocables. Adalric aima mieux lui céder le château de Hoembourg où elle établit un monastère fameux et où elle mourut dans un âge très avancé, vers l'an 760. L'Alsace la regarde comme sa patronne. Mais son souvenir n'était pas moins cher à l'abbaye de Baume. On y conserva jusqu'à la révolution un voile de soie, mêlé d'or, que la sainte avait travaillé de ses mains. Les habitants du pays avaient dans cette relique la plus douce confiance, et on l'exposait à leur vénération durant les grandes calamités (2).

Un autre ami du ciel, saint Léger, évêque d'Autun, fut également à Baume l'objet d'un culte spécial. Il était le parent de sainte Odille et probablement le neveu de l'ab- besse qui éleva cette fille de bénédictions. La montagne la plus voisine de la ville a conservé son nom (3) ; et une

(1) Breviar. Argent. — Id. apud D. Mabillon.
(2) Ex litteris canonicæ Palmensis.
(3) Aujourd'hui St.-Ligier, par corruption.

église y avait été érigée en son honneur. Il est encore le patron de Pompierre, Blussans, Rang–les–l'Isle, Cubri et Cusance. Enfin Ecot et Roche, de l'ancien patronage de l'abbaye, sont sous le vocable du même saint.

Plusieurs lieux ont disputé à Baume la gloire d'avoir possédé sainte Odille et d'avoir été les témoins de son baptême. Un historien de saint Erhard veut que la scène miraculeuse se soit passée près d'Estival (1). Mathieu Rader, dans son ouvrage sur la Bavière, revendique cet avantage pour Ratisbonne (2). Ces opinions ne sont appuyées sur aucun fondement. Celle du Père Lecointe est plus connue (3). Selon lui, sainte Odille aurait été baptisée dans l'abbaye de Moyen–Moûtier. L'historien de ce monastère cité par Dunod (4) va plus loin. Il prétend que sainte Odille fut élevée dans une maison de filles qu'il ne nomme pas, mais toutefois ailleurs qu'à Baume-les-Dames. Quoi de plus vague et de plus mal prouvé ! notre tradition au contraire est confirmée par les plus anciens monuments et par les auteurs du pays. Il ne suffit pas, pour la détruire, de citer soit un manuscrit isolé qui donne à Moyen-Moûtier le nom de *Belna*, soit un bas

(1) Stephanus Voirin, in historiâ sancti Erhardi, episcopi.
(2) In Bavariâ piâ.
(3) Annal. Eccles., t. IV, p. 140.
(4) Hist. du Comté de Bourgogne, t. I, p. 154.

relief de ce monastère, qui représentait, dit-on, le baptême de la jeune aveugle. Car le séjour de sainte Odille à
Baume est constaté par tous les chroniqueurs; et presque
tous s'accordent à penser que la fille d'Adalric était déjà
dans l'adolescence lorsqu'un prodige lui rendit la vue.
L'existence de l'abbaye de Moyen-Moûtier au 7ᵉ siècle,
est d'ailleurs très problématique, tandis que celle de l'abbaye de Baume est établie, avant l'arrivée de sainte Odille,
par la vie de saint Ermenfroi où il est parlé des coutumes anciennes de la maison (1).

D. Mabillon nous a donné le dessin d'un fragment de
sculpture ancienne qui représente l'abbesse de Hoembourg. Vêtue d'une longue robe serrée sur la poitrine,
elle porte une chaussure pointue; sa tête est couverte
d'un voile, un manteau flotte sur ses épaules, et ses
cheveux tombent négligemment autour de son cou. Tel
était peut-être l'antique costume des Dames de Baume,
qui prétendirent toujours avoir le privilége de conserver
leur chevelure (2).

J'ai dit l'origine de notre abbaye, ses pieuses traditions et la gloire de ses premiers jours. Comme Saint-

(1) Voir d'ailleurs Moreri, aux mots Odille et Baume. — Hist. de
l'Eglis. Gallic., t. IV, liv. 2, p. 77 et suiv. — Chifflet, Vesont. pars 2,
p. 66. — M. Ed. Clerc, t. I, p. 155. — Le Ch. Pelter, vie de Ste. Odille.
(2) Ann. Bénéd., t. I, p. 481 et 491.

Claude, Luxeuil et Lure, elle fut le séjour des saints et la terre des miracles. Mais tandis que les disciples de saint Romain défrichent le Jura et que l'institut de saint Colomban fleurit par la culture des lettres ou par les travaux de l'apostolat, Baume est appelé à servir d'une autre manière les desseins de la Providence sur l'avenir politique et religieux de nos contrées. Nos pères, peuples nouveaux, dont le droit au milieu des anciens Séquanais était encore mal établi, paraissent dans le 6e siècle divisés entre eux d'origine, d'idiôme, de caractère et d'intérêts. Catholiques, Ariens, Payens même, ce n'était que dans l'union d'un même culte qu'ils pouvaient s'assimiler les uns aux autres, se confondre et former enfin une nation. Cette œuvre ne s'opéra qu'à la longue. Car la grâce divine qui nous communique en un instant les lumières de la foi, laisse d'ordinaire à l'action plus lente des hommes et du temps le soin de réformer les mœurs. Les seigneurs ou les souverains qui dotèrent les premiers monastères de femmes, les évêques qui en secondèrent l'établissement, rendirent à la religion comme à la société les plus grands services. Ces institutions naissantes ne s'ouvrent point au peuple, masse inerte et ignorée qui ne paraît jamais dans les actes politiques de cette époque. Destinées à l'aristocratie barbare et puissante des deux Bourgognes, de l'Alsace, de la Lorraine, elles deviennent pour les filles des maisons d'éducation et quelquefois des asiles de pénitence pour des épouses coupables. Randone et Islia se retirèrent à Cusance ; sainte Odille est élevée à Baume ; la femme du Patrice Norbert fonde Château-Châlon. Parmi les vierges nourries dans les cloîtres, les unes, comme sainte Odille, retournaient chez leurs parents pour adoucir par l'influence secrète des vertus chrétiennes les habitudes guerrières de leur père ou de leurs frères. Les autres s'attachaient aux autels qui les avaient protégées. La naissance assurait à celles-ci un bras toujours prêt à les défendre ; des donations sans nombre accroissaient les richesses de leur monastère ; elles élevaient à leur tour des nièces ou d'autres parentes qui, sous l'influence de la même éducation, continuaient à régénérer la famille en fortifiant l'empire de la religion.

CHAPITRE II.

Règle de l'abbaye de Baume. — Cette maison est nommée dans différents actes du 9ᵉ siècle. — La ville a-t-elle existé avant l'abbaye? — Domaines du monastère. — Hugues 1ᵉʳ les accroît par ses libéralités. — Frédéric 1ᵉʳ les protége. — Succession des abbesses jusqu'à la fin du 13ᵉ siècle. — Décadence de la discipline.

Dans les temps reculés que nous avons parcourus, l'histoire nous laisse incertain sur la règle de l'abbaye de Baume. Il est à croire que l'on y suivait celle de saint Donat ou celle de saint Colomban. Toutefois, dès 817, l'uniformité dut s'établir dans tous les monastères de l'Empire, puisque le concile d'Aix-la-Chapelle, tenu cette année-là, prescrivit partout la règle de saint Benoît. En Flandre, en Allemagne, en Lorraine, on se soumit à cette ordonnance. Baume sans doute ne put s'y soustraire. Un grand nombre d'actes, et en particulier les bulles des papes, nomment cette maison de l'ordre de saint Benoît. Telle fut cependant la force de la coutume, qu'elle se mêla bientôt à la règle, la défigura et fit de la question un problème insoluble. Les Dames de Baume avaient prouvé qu'elles étaient de l'ordre de saint Benoît pour échapper à la juridiction de l'ordinaire; elles établirent le contraire pour obtenir la confirmation du titre de chanoinesse. L'indécision affectée de ce point historique leur servit ainsi à double fin. En 1672, Clément X donna une bulle pour terminer les difficultés que soulevait cette question entre l'abbesse et les religieuses. Il est dit que puisqu'il ne conste pas que l'abbaye de Baume soit soumise à la règle de saint Benoît ou à celle d'un autre ordre, le pape confirme ses usages et défend à toute personne de rien innover sans l'autorité du saint-siége.

Au concile d'Aix-la-Chapelle, les monastères furent divisés en trois classes, et on leur demanda, pour le salut de l'Empire, aux uns des hommes et des subsides, aux autres des subsides seulement, aux troisièmes des prières. Condat fut rangé dans la première classe, Baume-les-Dames dans la seconde, Lure dans la troisième (1).

Notre abbaye est aussi nommée dans un acte de 831. C'est le testament d'Anségise, abbé de Fontenelle, qui comprend cinquante-trois articles. Dans le détail de ces largesses, Baume est compris pour une livre et demie. Ces libéralités d'un prélat qui mourait loin de la Bourgogne, ne doivent pas nous étonner. En 817, Luxeuil avait été confié aux soins d'Anségise, par Louis-le-Dé-

(1) D. Mabillon, Ann. Bénéd., t. II, p. 437.

bonnaire, pour être rétabli dans la ferveur de la première discipline. Le savant abbé le gouverna pendant six ans, et alla fonder ensuite le monastère de Fontenelle où il mourut (1).

En 870, Louis de Germanie et Charles-le-Chauve se partagèrent le royaume de Lothaire. Avec Cologne, Utrecht, Strasbourg et Bâle, il échut à Louis dans cet arrangement bizarre plusieurs monastères de la Bourgogne, savoir : Faverney, Poligny, Luxeuil, Lure, Baume, Hautepierre.... etc. (2). Perreciot pense que cet acte, comme le réglement d'Aix-la-Chapelle, nomme la ville

(1) D. Mabillon, p. 542.

(2) D. Bouquet, Ann. Bert., t. IX. — Dunod avait appliqué à l'abbaye de Baume-les-Messieurs le dénombrement d'Aix-la-Chapelle, la disposition d'Anségise et le partage de 870. Or, Perreciot a prouvé (Dissert. sur l'étymol. du mot Baume), que Baume-les Messieurs n'était alors qu'un petit prieuré, *cella*, si peu connu qu'on le désignait par sa situation auprès de l'abbaye de Château-Châlon. De plus, une bulle du pape Formose, rendue au 10ᵉ siècle, ne l'appelle que *cellula*. Au contraire, Baume les-Dames était déjà célèbre sous le règne des Carlovingiens. Il avait eu pour abbesse une tante de Bérésinde, duchesse d'Alsace, et Ste. Odille l'avait illustré. En vain Dunod s'appuie-t-il sur ce que les actes cités plus haut nomment *Balma* le monastère en question, tandis que Baume-les-Dames est dit en latin *Palma* ou *Palmense monasterium*. Quoique cette seconde dénomination se rencontre plus fréquemment, la première se lit dans la légende de St. Ermenfroi, dans la chronique d'Albéric et dans un diplôme de 1151. D. Bouquet, t. VI, p. 408, et D. Mabillon, t. II, p. 437 et 542, appliquent à notre abbaye les trois témoignages du 9ᵉ siècle. — Id. M. Ed. Clerc, t. I, p 175.

avec l'abbaye (1). C'est une opinion hasardée. Le con-
texte de l'un et de l'autre passage indique au contraire
l'abbaye seulement. On se partageait alors les monastères,
comme des comtés et des grandes villes, parce qu'on les
obligeait à fournir des subsides ou des soldats (2).

Ce sentiment de Perreciot se rattache à une question
souvent agitée, savoir, si la ville a existé avant l'abbaye
ou l'abbaye avant la ville. L'abbé Trouillet a prétendu,
dans une dissertation couronnée par l'académie de Besançon que, les anciennes villes de la Haute-Bourgogne
ayant été ensevelies sous leurs débris, pendant les incursions des Hongrois, celles que nous voyons aujourd'hui
ont été bâties au pied des châteaux ou autour des monastères. Il en conclut que la ville de Baume, née de
l'abbaye, aurait abrité ses premières demeures sous la
protection du cloître (3).

Dans un esprit non moins systématique, Perreciot
veut faire de Baume une ville romaine dès l'an 253 (4).
Qu'il tire les plus fortes inductions de l'excellence du
territoire et de l'agrément de la position, le silence de

(1) Manusc. ébauche sur les villes de Fr.-Comté.

(2) M. Ed. Clerc, t. I, p. 175.

(3) Concours de 1759.

(4) Ebauche sur l'hist. des villes de Franche-Comté.

tous les monuments pendant les dix premiers siècles de notre ère est beaucoup plus décisif en faveur de l'opinion contraire. Quelques tuileaux, des sépulcres en pierre, les restes d'un camp romain que l'on voyait encore du temps de Perreciot sur la montagne de Buremont, indiquent une simple villa (1). On peut ajouter qu'elle était probablement située sous l'ancien château que nous avons appelé plus haut *vincunt milites* avec le chroniqueur de Cusance. *Cour-les-Baume,* village déjà ancien au onzième siècle, placé sur les bords de la rivière et à la portée de la forteresse, semble avoir été le premier lieu habité dans le vallon de Baume. Tel est peut-être le commencement de la ville moderne. Il faut reconnaître aussi que si elle ne doit pas son origine à l'abbaye, elle lui doit du moins une partie de ses accroissements et de son importance. Ainsi

(1) Perreciot. id. — M. Ed. Clerc, t. I, p. 145. — Il est à remarquer que la voie romaine de Besançon à Mandeure passait par Malemaison, Luxiol (Loposagium), Santoche et Rang-les-l'Isle. Baume avait été négligé, ce qui ne s'expliquerait guères s'il eût été du temps des Romains fort important ou fort ancien.

On cite une route de Salins à Baume, que l'on dit remonter à la même époque. Je crois plutôt qu'elle appartient au moyen-âge. Car alors on en a établi plusieurs pour le commerce des sels, et comme l'ignorance des peuples les a prises facilement pour des voies romaines, ce nom leur a été conservé sur plusieurs points du territoire qu'elles parcourent. Mais la route dont nous parlons fût-elle une voie romaine, Baume ne me semblerait pas plus ancien, car elle n'avait pas cette ville pour but, et on la suit jusqu'à Lure, Mellsey et Luxeuil.

se formèrent Luxeuil, Lure, Saint-Claude, Château-
Châlon, Baume–les–Moines, Faverney, Salins, Mouthe,
Montbenoit et la plupart de nos vieilles bourgades dont la
position peu avantageuse n'aurait jamais été mise à profit
par la politique ou fécondée par le commerce ou l'industrie. Baume–les–Dames ne relevait point de son abbaye.
La ville et la terre de ce nom qui, après la mort de saint
Ermenfroi, étaient vraisemblablement rentrées dans le do-
maine des souverains, furent toujours chères à leurs maîtres et demeurèrent attachées à leur couronne. Le franc-
alleu était parmi les habitants la condition primitive et
universelle ; et le monastère, réduit à ses possessions
particulières, n'eut jamais sur eux aucun droit de justice. Ce ne fut donc point la servitude qui fixa des colons
autour du cloître, mais plutôt la bienfaisance des religieuses et l'espoir de vivre en paix sous leur protection.

Nous avons montré que l'abbaye de Baume était assez
opulente au 9e siècle pour être obligée de fournir des
subsides à l'Empereur. Parmi ses domaines, les uns venaient de la munificence des souverains ; elle dut les autres à nos archevêques. Ceux-là sont les plus anciens.
Une partie de la prairie de Baume et quelques droits féo-
daux dans la Bourgogne formèrent sans doute, comme
nous l'avons dit, la riche dotation qu'elle reçut de ses

fondateurs. Elle la possédait déjà avant l'épiscopat de Hugues Ier, et on ne trouve aucun titre qui en rappelle l'acquisition. Quant à la prévôté de Mathay, ce petit état dont l'abbaye jouissait aussi de temps immémorial, si elle n'est pas un don des souverains, il faut attribuer la donation des terres qui la composaient aux grands seigneurs du voisinage, comme ceux de la Roche et de Montfaucon.

Que Baume ait souffert dans les incursions des Sarrasins, des Normands et des Hongrois, on n'en peut pas douter. Les ravages de ces barbares dans la Bourgogne sont constatés par des preuves sans nombre, et les monastères ne furent point épargnés (1).

Dans le onzième siècle, on voit que la considération due à l'antiquité de notre abbaye et au mérite de ses religieuses, s'étendait au loin. Suivant une charte datée de Cluny, un différend s'était élevé entre Elisabeth, abbesse de Baume et saint Odilon, au sujet de quelques héritages situés près de Givry en Bourgogne. Les parties s'abouchèrent dans le lieu même qui faisait l'objet du débat, et trois abbés terminèrent la contestation. Cette charte est de l'an 1034 (2).

(1) M. Ed. Clerc, t. I, Suppl. au liv. III. — Id. Hist. manusc. de Luxeuil.

(2) D. Mabillon, Ann. Bénéd., t. IV, p. 393.

Un prélat dont les vertus égalaient le génie, Hugues 1er, était alors assis sur le siége de Besançon. Maître de cette ville, il faisait servir à la gloire de l'Eglise son crédit politique, et rattachait à leur métropole par les liens d'une obéissance plus étroite les monastères de son vaste diocèse. Nos anciens cartulaires ont conservé plusieurs actes qui attestent ses soins paternels à cet égard. On y trouve le serment de l'abbesse de Baume, conçu en ces termes :

Ego, Elisabeth, Palmensis cœnobii nunc ordinanda abbatissa, spondeo, voveo et promitto sanctæ Vesuntionensi Ecclesiæ debitam subjectionem in præsentiâ D. Hugonis, archiepiscopi (1).

La même abbesse reçut en 1040 le plus magnifique présent : quelques difficultés étaient survenues entre elle, l'archidiacre (2) et les prêtres attachés aux paroisses de Baume. Elisabeth alla implorer la protection de Hugues Ier devant le synode d'automne assemblé. Touché de ses prières, l'archevêque lui accorda le patronage des églises

---

(1) Cartulaire de l'Archevêché.

(2) Perreciot, s'appuyant sur cette charte, prouve fort bien qu'il y eut à Baume un archidiaconné. Il cite aussi *H. archidiaconus Balmensis anno* 1200 (Droz, Preuv. de l'Hist. de Pontarlier, nouv. éd., p. 227), *et Girardus, archid. Palmæ* qui assiste comme témoin à une donation faite à l'abbaye des Trois-Rois. Selon Chifflet, l'archidiaconné de Baume fut uni à celui de Besançon en 1253 (Ves. pars 2).

en litige , après la mort des titulaires. L'acte de donation fut dressé dans le synode et signé par tous les membres du clergé nombreux qui entourait le prélat. Cette pièce est fort intéressante , parce qu'elle établit la position de l'abbaye , l'étendue de la ville , ses différents quartiers , l'emplacement et le titre de leurs églises. Baume nous y apparaît , après les ravages des Normands et des Hongrois , rebâti sur le versant du mont saint Léger et descendant dans la plaine jusqu'aux bords de la prairie. Dans la partie haute , on voyait l'église dédiée à saint Léger ; et ce quartier était protégé vers l'orient par les rochers inaccessibles du Launot que le Doubs défend encore. Le monastère et son sanctuaire consacré à la Vierge occupaient le milieu de la ville basse. Au nord s'élevait l'église saint Martin , à peu près dans l'emplacement où elle est aujourd'hui ; au sud-est l'église saint Sulpice et dans la même direction celle de Cour, sous le vocable de saint Pierre. Hugues 1er ne borna pas là ses libéralités. Par la même charte il assura encore à l'abbaye la possession de quatorze églises , dont celles de saint Juan , de Villers-le-Sec et de Verne étaient situées dans la terre ou châtellenie de Baume (1). Les curés de ces trois paroisses

(1) La terre de Baume fut démembrée pour former le ressort de celle de Clerval , après la fondation de cette dernière ville par Othon de Souabe,

devinrent ainsi avec les titulaires de saint Léger, de saint Martin, de saint Sulpice et de Cour, les aumôniers du couvent où ils faisaient tour-à-tour le service divin. Après la destruction de l'église saint Léger, son tour de semaine fut transféré à celle de Dampvaux, comme on l'attribue à celle d'Hièvre, après la destruction de Dampvaux (1). L'abbesse devait à chacun des desservants une prébende en vin et en sel; mais elle avait le patronage de leur bénéfice et droit de présentation en cas de vacance. Les curés de la ville, chargés d'administrer les sacrements aux religieuses, de les assister à la mort et de leur donner la sépulture, étaient tenus de faire avec elles la plupart des anciennes processions paroissiales, comme celles des Rogations, de Pâques et de saint Marc. Ces processions étaient de véritables servitudes dues à l'abbaye à titre d'église-mère.

La charte de 1040 donnait encore à Élisabeth et aux abbesses qui lui succéderaient les églises de saint Hypolite,

vers 1195. Ce démembrement comprit les villages de Branne, Santoche, Crosey et Chaux. La terre de Baume fut encore appauvrie dans le XVIᵉ siècle par la destruction de quatre hameaux, Cheseau et Viscnay dans la paroisse d'Hièvre, Auvillers et le Poys dans celle de Villers le-Sec.

(2) Vis-à-vis l'écluse du Launot un vallon étroit se creuse entre deux côteaux chargés de vignes. Il porte le nom de Dampvaux. Ce village fut détruit pendant les guerres des Suédois, et l'église en fut réunie à celle d'Hièvre.

Dampierre, saint Maurice, sainte Marie-en-Châtel, Montecheroux, Roche, Fontaine et Soie dans le pays d'Ajoie; et dans le comté d'Amont, Felletans et Dammartin-les-Pesmes. Telles furent les possessions ecclésiastiques de l'abbaye de Baume. Cette maison était la fille chérie de nos archevêques, *semper Chrysopoli extitit familiarissima.* Hugues Ier voulait aussi, par ses libéralités, rendre hommage aux reliques de saint Germain. Il ne mit qu'une réserve à sa donation. C'était pour les offrandes du synode d'automne qui, dans toutes les églises soumises à la juridiction de l'ordinaire, appartenaient à la métropole, en vertu de ses droits de maternité (1). Hugues III, vers la fin du onzième siècle, approuva la charte de 1040.

A l'abbesse Elisabeth, succéda Adeline qui nous est connue par le traité qu'elle fit avec Guichard, doyen de saint Paul. Il fut convenu que si les serfs des deux monastères contractaient mariage ensemble, leurs enfants seraient partagés (2).

Nous trouvons en 1117 une autre Adeline qui, pour recevoir la bénédiction et l'investiture, prêta entre les mains d'Anséric le serment usité. Selon Dunod, en 1119, Etiennette de Bourgogne était abbesse de Baume (3). Elle

1) Perreciot, Mémoire couronné, concours de 1769. Preuves, nº 1.

(2) Dunod, Hist. de l'Eglise de Besançon, t. I.

(3) Id. Hist. du Comté, t. I, p. 162.

appartenait à la famille des souverains ; et M. Duvernoy
la regarde comme la sœur des comtes Guy et Renaud III.
Sous le pontificat de l'archevêque Humbert, notre abbaye est nommée dans une charte de 1136 où sont con-
firmées plusieurs donations faites au couvent de Lucelle,
diocèse de Bâle. L'abbesse de Baume cède, du consentement de ses consœurs, et moyennant une redevance annuelle, un droit sur deux villages, Liébuwillers et Montprum (1). En 1143, Sibille occupait le siége abbatial. Elle
sollicita et obtint successivement dans la même année des
deux papes Innocent II et Célestin II le renouvellement
des priviléges de sa communauté. La bulle de Célestin II fait
l'éloge des Dames de Baume. Elle leur assure toutes les
donations qu'elles tiennent des souverains et des évêques,
et ajoute aux possessions désignées dans la charte de
1040, les deux églises de saint Pierre et de saint Sym-
phorien à Mathay, celles de Cognière, de Mont-les-
Seurre, d'Augerolles et de Chamblans, sauf les droits
du diocésain et l'autorité du saint-siége. Célestin II confirme l'abbesse dans le privilége de nommer aux bénéfices

---

(1) Abbatissa de Palmâ, consilio sororum et collatorum suæ Ecclesiæ
tertiam partem de Liebuwillers et de Montprum per quatuor solidos basi-
lieneium , in festo Stæ. Mariæ, mediante augusto, vobis reddendis con-
cessit : charte d'Humbert, arch. de Besançon. Liébuwillers n'est autre
chose que Liébwillers, près St.-Hypolite , au-dessus de Nadans, et Montprum une métairie du Lomont, dans le territoire actuel de Liébwillers.

de son patronage, eu égard, dit-il, au mérite du monastère et à la vertu des religieuses. On lit aussi dans la bulle
cette clause remarquable que l'abbesse, toutes les fois
qu'elle se rendra au synode pour les besoins de son monastère, pourra retenir avec elle pendant trois jours
les clers qui l'accompagneront (1). Peut-être y avait-il à
Baume une école ecclésiastique établie sous la protection
de l'abbaye. On sait que Hugues 1er en avait fondé plusieurs dans le diocèse, et que ces écoles dirigées par des
maîtres habiles, fleurirent encore après ce grand prélat (2).

Perreciot place au milieu du 12e siècle la destruction
d'une partie de la ville de Baume. Il l'attribue aux ravages causés dans la Haute Bourgogne par le duc Berthold de Zeringen (3). Il est vrai que Baume paraît dès lors
avoir été réduit à l'étroite enceinte qu'il occupe aujour-
d'hui. Mais rien ne prouve que la guerre ait détruit le quartier saint Léger. On peut conjecturer également qu'il a
disparu dans un incendie. De nouveaux priviléges vinrent
réparer les désastres dont l'abbaye avait pu être victime.
Après la mort de Guillaume-l'Enfant, comte de Bourgogne, ses états avaient été partagés entre ses deux on-

(1) Perreciot, concours de 1769; Preuves, n° 3.
(2) M. Ed. Clerc, t. 1, p. 297.
(3) Perreciot, concours de 1769.

cles, Rainaud III et Guillaume. Ce dernier fut la tige de
la branche cadette. Etienne et Gérard, les représentants
de cette branche, jouissaient à Baume de la taille d'automne, quoique cette ville et sa châtellenie eussent été
attribuées à la maison régnante. De concert avec leur
mère, ils firent à l'abbaye une donation de leurs droits,
par une charte datée des calendes d'octobre, 1155. Ils
lui cédèrent le privilége d'exercer toute espèce de justice sur ses propres sujets, en dispensant ceux-ci de tra-
vailler aux remparts et de faire le guet (1). Il était plus
facile aux princes de Bourgogne d'accorder des immunités à l'abbaye, qu'à l'abbaye de les maintenir. Les habitants de Baume n'avouèrent jamais à l'abbesse ni le
droit de justice sur ses serviteurs, ni pour ceux-ci
l'exemption des gardes et des travaux publics. Quant à
la taille d'automne qui consistait en dîmes sur les chan-
vres et sur les vins, l'abbaye la percevait encore au 18ᵉ

---

(1) Voici le texte de cette charte : In nomine sanctæ et individuæ
Trinitatis, ego comitessa Burgundiæ, Stephanus et Gerardus, filii mei,
hoc scripto memoriæ commendari præcepimus me et filios meos, Ste-
phanum et Gerardum, Ecclesiæ Palmensi concessisse exactionem quæ
vulgó dicitur talia quæ fit in dedicatione Sti. Stephani; ità ut nullus,
præter abbatissam et abbatiæ congregationem, habeat justitiam hominum
suorum, et quod nulli hominum prædictæ ecclesiæ in confectione castri
et custodiâ die ac nocte cogantur... etc. Datum, die vᵈ kal. oct. anno
MCLV. (Extrait des archives de la ville de Baume).

siècle. Mais le conseil de ville en déguisait l'odieux sous
le titre d'aumône.

Le véritable maître de la Bourgogne était Frédéric-
Barberousse , qui aux droits de suzerain dont il jouissait
comme empereur, joignait les droits plus réels de souverain immédiat, comme époux de la comtesse Béatrix.
Frédéric visitait chaque partie de son Comté et rendait la
justice dans les lieux importants. Une charte donnée à
Baume, en faveur de l'abbaye de saint Paul, nous atteste
qu'il fit quelque séjour dans cette ville en 1153. Plus tard,
Etiennette de Montfaucon, abbesse de Baume, eut recours
à son autorité. C'était en 1162, l'Empereur tenait sa cour
à Vesoul. Etiennette alla le trouver et plaida devant lui
la cause des habitants de Mathay que les exactions de
Thierri , prévôt du lieu , avaient révoltés. Il fut défendu
à l'officier infidèle de tenir plus de deux fois l'an les plaids
de la prévôté , de vivre aux frais de ses justiciables, hors
le temps des assises , de poursuivre ceux qui quitteraient
leur habitation , ou de piller leurs biens. Une amende fut
établie contre les infracteurs des statuts; elle devait être
partagée entre l'Empereur et l'abbaye. On voit par ce
titre que la prévôté avait depuis longtemps son gouvernement particulier, qu'elle dépendait des Dames de Baume
et que les sires de Neufchâtel n'en jouissaient pas en-

core (1). En 1178, Etiennette implora de nouveau la médiation de l'Empereur qui était alors à Dole. Elle obtint de lui la restitution du tiers du territoire de Mailly-sur-Saône, qu'une usurpation sacrilége avait séparé de la mense conventuelle (2). Etiennette de Montfaucon figure aussi dans un acte de 1180, dans une donation faite à l'abbaye de Baume en 1183 et dans plusieurs autres chartes du même temps. Issue d'une famille puissante, sœur du célèbre archevêque Thierri de Montfaucon, qui mourut en Palestine pour la défense de la foi, elle n'eut pas de peine à demander avec succès des priviléges au souverain pontife. En effet, Luce III lui accorda une bulle qui confirmait le monastère dans la possession de ses biens, prononçait des anathêmes contre ceux qui la troubleraient, et défendait aux religieuses de sortir sans la permission de l'abbesse. Le pape ordonne aussi l'observation de la règle de saint Benoît (3). Les mêmes priviléges et les mêmes obligations sont l'objet d'une autre bulle donnée en 1218, par le pape Honorius. Elle fait voir comme la précédente, que la vie commune avait cessé dans l'abbaye, que la clôture n'était plus rigou-

(1) Etat civil des personnes, t. II, aux preuves.
(2) Invent. des titres de l'abbaye.
(3) Anciennes chartes de l'abbaye de Baume. — Id. archives de la sous-préfecture.

reuse. Les nones s'étaient affranchies de la sévérité de leur ordre ; et le saint siége les reprenait en vain. Comment d'austères institutions pouvaient-elles se maintenir au milieu des richesses et sous l'influence exclusive des familles nobles , lorsque la haute naissance était la condition essentielle de l'entrée en religion? Déjà les règles du cloître fléchissent au gré de la passion ou de l'intérêt. La fille du comte Etienne, Clémence de Bourgogne, abbesse en 1204, quitte en 1212 la vie monastique pour épouser Berthold VI, duc de Zeringen. Blandine la remplace. Selon M. Duvernoy, elle était la fille naturelle du même Etienne, et on lui donna plus tard le nom de Châlons, en souvenir du comte Jean , son frère , qui l'avait porté.

Blandine de Châlons soutint un procès contre Frédéric, grand trésorier du chapitre métropolitain , pour le patronage des églises de sainte Marie-en-Châtel et de saint Maurice. L'intervention de l'archevêque Nicolas de Flaviguy devint nécessaire, et au mois de février 1229, un traité mit fin aux débats. Il laissait aux Dames de Baume l'honneur du patronage ; mais le profit en revenait à la métropole. Car il fut statué que Frédéric et ses successeurs feraient hommage à l'abbesse pour les droits en question, et qu'en compensation , celle-ci verserait,

chaque année, au synode d'automne, une somme de 60 l.
entre les mains du grand trésorier. Ainsi se perpétuaient
les réserves qui assuraient à la métropole sa suprématie
sur les autres églises (1).

Jusqu'au milieu du XIIIᵉ siècle, le défaut de chartes
ne nous permet de signaler que deux actes, l'un de
1220 par lequel Renaud de Sccy, maire de Baume (2),
transige avec l'abbesse pour une affaire contentieuse ;
l'autre de Jean, comte de Bourgogne, qui fait don à l'abbaye de 15 charges de sel (3). Les possessions de cette
maison s'accroissent tous les jours. En 1253, Odon de
la Roche vend à l'abbesse de Baume tout ce qui lui appartient, à Ecot, en hommes, terres labourables, pâtu-
rages, forêts, maisons, ruisseau et justice pour le prix
de 200 liv. Guillaume, archevêque de Besançon est le
témoin du contrat (4). Je n'ai pu m'assurer si Nicole de
la Roche était déjà à la tête du monastère. C'était la fille
d'Odon dont nous venons de parler et la sœur de Guillaume, comte de la Roche-saint-Hypolite. Elle gouvernait
l'abbaye de Baume en 1266, comme le prouve un acte
de cession des moulins de Lô et de Cour-sur-le-Doubs (5).

(1) Recherches sur Neufchâtel, p. 74.
(2) Voir p. 52, note 2.
(3) Invent. des titres de l'abbaye.
(4) Idem.
(5) Le long du Doubs, à un demi kilomètre au-dessous du pont de

Le moulin de Cour est appelé dans les anciens titres la pièce principale de la crosse de madame l'abbesse.

Dans une transaction ensuite de procès, Nicole de la Roche céda à Thiébaud de Rougemont tout ce que l'abbaye possédait à Chassey, à l'exception du patronage de la cure. Thiébaud donna en échange la seigneurie de Trouvans. Telle est l'origine des plus belles possessions féodales de l'abbaye. Le sire de Montmartin les lui disputa sans succès en 1581. Toute justice appartenait à l'abbesse, non seulement à Trouvans, où ses officiers tenaient les assises de la terre, mais encore dans les villages voisins. Elle prenait le titre de Dame de Trouvans, Tournans, Huanne et autres lieux, et un arrêt du parlement rendu en 1683, la maintint dans le droit de le porter. Les habitants de la seigneurie devaient la montre d'armes; ils étaient main-mortables de l'abbaye, et un homme libre contractait cette servitude en demeurant dans la maison d'un main-mortable (1).

Nicole de la Roche est connue encore par d'autres chartes. Sous son gouvernement, Henri de saint Léger, curé de Villers-le-Sec, obtint la remise des dîmes que

Baume, on trouve un canton de vignes qui porte le nom de **Vignes de 1.ô.** En 1840, on a construit un moulin au pied de cette côte. Celui dont il est question plus haut était détruit de temps immémorial.

(1) Archives de la sous-préfecture de Baume.

l'abbaye percevait sur sa paroisse. En reconnaissance de
ce bienfait, il céda à Nicole de la Roche tout ce qu'il
tenait de ses ancêtres « *an fie et an chasement dou fie
que on dit de seint Legier.* » C'étaient les ruines de l'ancien quartier saint Léger (1). Les Dames de Baume en
firent une côte de vignes. Un accord conclu entre la
même abbesse et le curé de Verne montre combien le
droit de patronage était élevé. Il emportait les cinq sixiè-
mes des offrandes, les trois quarts des grosses dîmes, la
moitié des corvées et des redevances annuelles pour la
confession, six deniers sur chaque mariage (2). Cet acte
est de 1271.

A la mort de Nicole de la Roche, l'abbaye fut administrée par Béatrix de Bourgogne. Cette dame était la
troisième abbesse que la maison souveraine fournissait
à Baume. Le moment était favorable pour terminer avec
nos comtes des disputes déjà anciennes et assez enve-
nimées. Les fours de la ville, les ventes de sel et d'épi-
ceries dans les foires, la taxe des étrangers et l'exercice
de la justice sur les serviteurs de l'abbaye en étaient la
cause. Le monastère dut relâcher sans doute quelques-
uns de ces droits litigieux dont la possession était si difficile à conserver contre des princes jaloux de l'intégrité

(1) Concours de 1769, Mém de Perreciot; preuves n° 17.
(2) Id. preuves n° 18.

de leurs domaines. De leur côté, le comte Palatin Philippe et Alix, sa femme, signèrent à Baume en 1276 une charte qui concerne les battoirs de Pont-les-Moulins. Vingt ans auparavant, le comte Hugues en avait déjà fait don à l'abbaye. Son successeur, en renouvelant cette donation, en attribue le quart seulement à Béatrix, abbesse élue et non confirmée, et les trois autres parts au couvent des Dames et au sacristain. Cette distinction fait voir que les prébendes des religieuses étaient séparées de la mense abbatiale. Il est stipulé dans l'acte de 1276 que l'on pourra empêcher la construction de toute usine sur le Doubs et sur le Cusancin depuis Hièvre jusqu'à Fourbanne. Enfin les parties promettent de mieux s'entendre à l'avenir et se remettent réciproquement tous leurs péchés (1). Cet accord fut durable ; car la comtesse Palatine témoigna son amitié à Béatrix en lui laissant par testament une coupe cannelée et un de ses émaux (2). Ce testament est de 1278, et Béatrix y est qualifiée abbesse de Baume. En 1285, elle reçut au même titre l'hommage - lige du possesseur d'un moulin à Pompierre (3). Elle vivait encore dans les premières années du siècle suivant.

(1) Concours de 1769, Mémoire de Perreciot; Pr. n° 19.
(2) Chevalier, Hist. de Poligny, t. I ; aux Pr., p. 363.
(3) Invent. des titres de l'abbaye de Baume.

Du XI° au XIV° siècle, l'abbaye de Baume nous a offert le spectacle d'une prospérité presque constante. Des princesses l'ont gouvernée, une foule de seigneurs l'ont enrichie, les papes et les évêques en ont protégé ou étendu les possessions. Trésors, domaines, immunités sans nombre, tout a contribué au progrès de sa grandeur. Nous avons déjà signalé l'affaiblissement de la discipline au milieu de ces dangereux présents. On verra dans la suite de cette histoire comment la corruption des mœurs suivit l'oubli de la règle et par quels châtiments ces désordres furent expiés.

CHAPITRE III.

De la Vicomté de Baume.—La maison de Neufchâtel la possède héré-
ditairement.—De la prévôté de Mathay, fief de l'abbaye.—Comment
les sires de Neufchâtel remplissaient dans l'abbaye les fonctions de
gardien.—Guerres et désastres du XIVe et du XVe siècle.—Abbesses.
— Leur administration. — Etat des mœurs.—Nécessité d'une réforme.

—o꞉ꞏꙮ꞉o—

Les sires de Neufchâtel qui égalaient en puissance
comme en noblesse les plus grands vassaux du Comté,
occupent dès maintenant une place importante dans nos
annales. A leur histoire se rattache celle de la vicomté
de Baume, et l'une et l'autre intéressent également notre
abbaye.

Lorsque Otte-Guillaume supprima les comtes inférieurs, il les remplaça par des vicomtes dont il se fit des
vassaux, en se réservant l'hommage de leur dignité (1).

(1) Notre pays était divisé en quatre comtés, Port, Amont, Scoding
et Varrasch, outre celui de Besançon. Ils avaient chacun leur capitale
et leur comte particulier, sous la surveillance d'un comte supérieur et
sous la suzeraineté immédiate des rois de Bourgogne. La faiblesse de
Rodolphe III, le dernier de ces rois, permit à Otte-Guillaume, comte
supérieur des deux Bourgognes, d'attirer et de réunir sous sa main tous
les pouvoirs. La suppression des comtes inférieurs qui étaient, par
leur institution du moins, les hommes de la royauté, fut l'une des plus

4

Ces fonctions, inférieures à celles des comtes, devinrent des fiefs héréditaires. Elles furent possédées à Besançon dans le XIIe siècle par les seigneurs de Rougemont; à Vesoul dans le XIe par les sires de Faucogney, et un peu plus tard à Dole et à Salins par les maisons de l'Hôpital et de Monsaugeon. La vicomté de Baume ne me semble pas plus moderne, quoique l'histoire ne la nomme pas avant le XIVe siècle. L'antiquité de la ville, son importance constatée par une charte de 1040, sa position au milieu du pays des Varrasques, l'établissement d'un vicomte dans les principales cités domainiales, en un mot toutes les raisons de politique et d'analogie nous assurent que Baume fut, dès la suppression des comtes, l'un des principaux siéges de leurs successeurs.

Il est plus difficile de déterminer le temps où les sires de Neufchâtel commencèrent à jouir de cette vicomté. Selon M. l'abbé Richard, Thiébaud IV qui mourut avant 1308, l'avait possédée le premier. Cependant la présence de ses ancêtres à Baume, leurs droits dans cette ville et dans les environs, qui sont constatés dès le milieu du

---

grandes ressources de sa politique. Il donna à ses vassaux les domaines attachés à ces dignités supprimées, envahit ainsi toutes les terres de la couronne et en disposa en maître.

Avant cette révolution, qui date d'une époque assez rapprochée de l'an 1000, Baume était peut-être, selon quelques savants, la capitale du comté des Varrasques.

XIII° siècle, indiquent, ce semble, que déjà la vicomté
était inféodée dans leur famille. Les sires de Neufchâtel
avaient considérablement augmenté leurs domaines par
une alliance avec la maison de Montbéliard; ils avaient
fait diverses acquisitions sur les abbayes de Lucelles et de
Lieucroissant; et la conduite ou garde des chemins leur
était confiée. C'est alors que se multiplient leurs relations
avec la ville et le monastère de Baume. Vers 1240, un
Thiébaud de Neufchâtel paraît comme témoin dans un
acte passé au couvent (1). En 1244, le comte de Bourgogne faisant au duc Eudes l'énumération des châteaux
qu'il lui livre, dit expressément que Thiébaud de Neufchâtel deviendra homme-lige du duc pour le château de
Baume (2). En 1261, Thiébaud, sire de Neufchâtel,
donne à l'abbaye une vigne à Launot, un meix à Villers-
le-Sec, ce qu'il possède à Hièvre, à Esnans, à Luxiol,
à Grosbois, sous réserve de la jouissance à Agnelet, sa
fille, none de cette maison (3). *Monseigneur Thiébaud*
est également nommé dans la charte de 1276 que nous
avons citée plus haut. Enfin une autre charte rédigée en

---

(1) Concours de 1769, Mémoire de Perreciot, pr. n° 13.

(2) Hist. de Bourgogne, D. Plancher, t. II, pr. n° XXXVII.

(3) Invent. des tit. de l'abbaye. — Cette religieuse était la fille de
Thiébaud III, qui, en 1261, l'année même de la donation, partagea
ses biens entre ses deux fils.

Alsace en 1291, vient à l'appui des précédentes. Elle qualifie un Thiébaud, comte de Neufchâtel, seigneur de Blamont et Landgrave de Baume (1).

Le titre de Landgrave, que les sires de Neufchâtel prennent encore dans plusieurs actes passés avec les étrangers et écrits en allemand ou en latin, implique le droit de gouverner et de juger avec juridiction sur une certaine étendue de territoire. Telles étaient aussi les attributions de nos vicomtes. Différents fonctionnaires relevaient d'eux : le maire, officier subalterne, dont le pouvoir restreint dans l'enceinte d'une seule localité, consistait à fixer les poids et mesures, les bans des récoltes, les amendes de simple police (2) ; le châtelain qui commandait dans la forteresse, au nom du vicomte (3) ; le prévôt, magistrat qui connaissait des affaires civiles ou criminelles dans tout le ressort de la vicomté. Cette dernière charge était la plus importante. Les sires de Neufchâtel l'exercèrent quelquefois par eux-mêmes. Car on a conservé la

(1) Rapport du secrétaire de l'Académie sur le mémoire de Perreciot, concours de 1769.

(2) Pierre, maire de Baume, paraît dans une charte de l'abbaye des Trois-Rois, en 1150. Il suivit l'empereur Frédéric à Vesoul en 1162. Guy, autre maire de Baume, vivait vers l'an 1200, et Renaud de Secy, écuyer, était revêtu du même office en 1220.

(3) Dans les XIIIᵉ, XIVᵉ et XVᵉ siècles, on trouve plusieurs châtelains de Baume, tous gentilshommes. Ils portèrent, après la destruction du château, le titre de capitaines de la ville

déclaration des droits attachés au double titre de vicomte
et de prévôt de Baume que réunissait le seigneur pour
qui cet acte fut dressé (1). Comme vicomte, Thiébaud
de Neufchâtel a la gardienneté de l'abbaye pendant la
vacance du siége et voix délibérative à l'élection de l'abbesse. L'honneur de mettre la nouvelle élue en possession
lui appartient également. Comme prévôt, sa juridiction
s'étend sur un vaste territoire qui, selon Perreciot, forma
depuis le bailliage de Baume. Les sires de Neufchâtel
conservèrent longtemps à un de leurs officiers le titre de
prévôt, et on voit que ce fonctionnaire donnait encore
à Baume une audience par semaine à la fin du XVe siècle.
Ce reste d'autorité s'effaça bientôt, et les baillis rendirent seuls la justice.

Il ne faut pas confondre cette prévôté avec celle de
Mathay, fief de l'abbaye, que noble Thiébaud, seigneur
de Neufchâtel, écuyer, reprit des religieuses capitulaire-
ment assemblées, et pour lequel il se déclara leur homme
et féal en leur jurant fidélité (2). Il reconnut qu'il tenait
d'elles la prévôté des terres de Mathay, Ecot, Villars,
Luxelans, Châtel-Sainte-Marie, Bourguignon, Vermon-

(1) Perreciot, Etat civil des personnes, t. II, aux pr., p. 563. — Cette
charte est sans date; on la rapporte au commencement du XIVe siècle.

(2) M. Richard (Recherches sur Neufchâtel, p. 43), donne à cette
charte la date de 1301.

dans, Bavans et tous les autres droits du monastère de
Baume dans ces villages, leur territoire et finage. Telle
est la charte d'inféodation de la prévôté dans la maison
de Neufchâtel. Mathay, Bourguignon, Ecot et Luxelans
en formaient le ressort. Villars, Châtel-Sainte-Marie,
Vermondans et Bavans n'en dépendaient que pour une
partie de leur territoire et de leurs habitants. Investi de
l'autorité seigneuriale, Thiébaud IV en fit reconnaître
les prérogatives en 1306. La charte qui les établit est
un monument précieux. Elle montre avec quelle facilité
la liberté primitive s'était conservée dans ce pays sous le
gouvernement de l'abbaye de Baume. Ainsi les hommes
de la prévôté n'étaient ni taillables, ni corvéables à merci;
ils ne devaient ni guet, ni garde, ni corvées. Quelques
redevances dédommageaient seulement le seigneur de la
protection qu'il leur accordait. Ils pouvaient, moyennant un faible droit, quitter la prévôté; et il était
défendu de poursuivre les pauvres qui ne le payaient pas.
Des plaids ou assises se tenaient deux fois l'an; tous les
habitants, à l'exception des locataires, y avaient voix
délibérative. On y réglait ce qui avait rapport à l'administration et à la police. Personne n'était exempt d'y assister, sans raison légitime. Les jugements y étaient
rendus selon les statuts ou coutumes que le prévôt ne

pouvait ni enfreindre ni réformer. Enfin, quelque délit
ou quelque crime que l'on eût commis, on n'était jugé
que par ses pairs, sous la présidence du Seigneur qui
appliquait la peine. Ces institutions, empruntés aux Ger-
mains, ont beaucoup de ressemblances avec nos jurys
modernes (1).

Béatrix de Bourgogne était encore abbesse de Baume
lorsque les sires de Neufchâtel reprirent en fief la prévôté de Mathay. J'ignore en quelle année elle mourut.
On voit après elle Béatrix de Cromari, en 1313 (2).
Sibilette de Vaire lui succéda. Elue en 1326, elle reçut
la bénédiction du diocésain. La même année, l'un des
premiers parlements de Bourgogne vint siéger à Baume.
D'après la charte rapportée par Chevalier, il tint ses
séances dans la grande salle de l'abbaye (3). Ainsi une
maison déstinée au recueillement et à la prière, s'ou-
vrait aux bruyants débats d'une cour de justice. La discipline était fort relâchée, et il n'était pas rare que les
religieuses donnassent elles-mêmes l'exemple du désor-
dre. Telles furent en 1333 Clémence de Nan et Pierrette

(1) Perreciot, Etat civil des personnes, t. II, p. 549.
(2) Différents mémoires font mention de Béatrix de Cromari. Je ne
crois pas que cette abbesse soit la même que Béatrix de Bourgogne, malgré
l'identité des prénoms. Il y avait au XIVe siècle une maison de Cromari
dans le Comté, et elle tenait dans la noblesse un des premiers rangs.
(5) Chevalier, Hist. de Poligny, t. II, p. 622.

de Granges. Rebelles aux ordres de leur abbesse, elles furent jugées devant plusieurs témoins ecclésiastiques avec trop d'indulgence pour leurs excès. Sibilette de Vaire leur imposa pour pénitence de ne point sortir sans sa permission, de lui rapporter leurs titres de propriétés, les clefs et les meubles de leurs appartements. Toute l'assemblée acquiesça à cette sentence. Une des religieuses fut députée avec le notaire et les témoins pour notifier l'arrêt aux deux condamnées. Mais Clémence de Nan et Pierrette de Granges s'étaient enfermées dans leurs maisons. L'abbesse s'y rendit avec tout le chapitre, et, après plusieurs sommations inutiles, elle afficha sa censure sur la porte (1).

Ici la maison de Neufchâtel joue encore un grand rôle dans notre histoire. Thiébaud V ne posséda point en paix la vicomté de Baume. Déjà en 1317, le bailli de Bourgogne avait été chargé de vérifier ses droits dans la châtellenie de cette ville. Mécontent et ambitieux, il entra quelques années après dans les guerres que les hauts barons du Comté firent à Eudes IV, duc de Bourgogne, gendre de Philippe-le-Long. La paix fut conclue avec les confédérés en 1338. Mais Thiébaud n'en avait point accepté les conditions, et, en 1341, Vauthier de Vienne,

(1) Mém. sur procès.

gardien du Comté, reçut un second mandement pour reconnaître les titres de Thiébaud à la vicomté de Baume.
Les deux commissions restèrent sans effet. Pendant ce
temps-là, Thiébaud entreprenait une guerre plus heureuse contre un ennemi sans défense. Vassal inquiet, ses
envahissements toujours croissants avaient facilement dé-
taché de l'obéissance due à des religieuses, les sujets de
la prévôté de Mathay qu'il avait lui-même sous sa main.
L'abbesse aima mieux faire encore un acte d'autorité
en l'affranchissant de l'hommage, que de perdre, comme
à son insu, une souveraineté qui lui échappait. C'est pourquoi elle abandonna à Thiébaud V la prévôté de Mathay
où l'abbaye ne conserva plus que ses propriétés particulières (1).

Le sire de Neufchâtel avait recommencé ses hostilités
contre le duc de Bourgogne. Pour obtenir grâce il renonça
à la vicomté de Baume par un traité conclu en 1343 (2).
Quatre ans après, des difficultés nouvelles amenèrent un
second traité dont le roi de France, Philippe de Vallois,

---

(1) Le temps où les sires de Neufchâtel s'affranchirent du vasselage
de l'abbaye de Baume, n'est pas déterminé. M. l'abbé Richard assigne à
ce fait la date de 1331. Quoi qu'il en soit, on ne voit plus dès le milieu
du XIV⁺ siècle, que la prévôté de Mathay dépende encore de nos religieuses. Le rôle d'envahisseur convient d'ailleurs au caractère de
Thiébaud V.

(²) Chevalier, Hist. de Poligny, t. I, p. 178.

fut le médiateur. On promit de faire raison à Thiébaud des gardes de Lieucroissant et de Lanthenans , des conduites du grand chemin et de la vicomté de Baume. Cette promesse ne s'exécuta qu'assez tard; car en 1377 on voit la garde des deux monastères attribuée à une autre maison. Les héritiers de Thiébaud V ne la recouvrèrent avec la conduite des chemins qu'en 1415 , et, d'une manière plus efficace , en 1460. Quant à la vicomté , on présume qu'elle fut rendue à Thiébaud V ou du moins qu'il sut bien la reprendre lui-même. Rien n'est plus vraisemblable, puisque ce seigneur devint gardien du Comté qu'il avait troublé pendant si longtemps (1) , et que les successeurs du duc Eudes ne signalèrent leur règne sans gloire que par des actes de faiblesse. Thiébaud VI fit d'ailleurs, en qualité de vicomte, les fonctions de gardien dans l'abbaye de Baume (2). Le cartulaire de Neufchâtel nous apprend de quelle manière cette charge était remplie.

C'était en 1355 ; Sibilette de Vaire venait de mourir et les religieuses assemblées en chapitre se disposaient à la remplacer. Thiébaud se présenta au milieu d'elles, et

(1) Recherches sur Neufchâtel , p. 152.

(2) « Premierement est véritey que est et doit estre *viscuens* de Bame » et *pour raison de la vycomtey* doit estre appelé toutes foys que élection » ou postulation d'abbasse se fait. » (Charte des droits de la vicomté. Etat civil des personnes , t. II, aux pr., p. 563.)

après les avoir exhortées « à eslire entr' elles aulcune per-
» sonne qui soit idoyne pour être abbasse , » il réclama
l'honneur de donner sa voix et de faire bonne garde
pendant l'élection , « par ainsi comme mes pères et de-
» vanciers l'ont eu et en ont usey toutesfoys que le cas
» est relvenu, paisiblement et si longtemps qu'il n'y a mé-
» moire du contraire. » Comme on hésitait à reconnaître
ses prétentions, il proposa de les soumettre à l'arbitrage
d'un certain nombre de prêtres et de chevaliers. Sur quoi
les religieuses acquiescèrent à sa demande , et un clerc
debout sur la porte de l'église abbatiale fit la proclama-
tion suivante :

« Monseignour de Nuefchastel, vicomte de Bame , et
» qui a voix en cestuy chapitre à élection faire d'abbasse
» de son droit et anciennetey, que chacun se restraye
» ariers jusques élection d'abasse soit faite par le dit
» Monseignour de Nuefchastel et les Dames qui sont en
» cestuy chapitre. »

Alix de Montbozon fut élue. Thiébaud approuva ce choix,
prit, aux accents du *Te Deum*, la nouvelle abbesse sur
ses épaules, la porta et la fit asseoir successivement sur
l'autel, au chœur , au chapitre, et la mit en possession du cloître et de ses dépendances. Les frais de cette
journée étaient à la charge de l'abbesse. Dix sergents

veillaient à la porte du Moûtier. Les arbalétriers et le
bannelier de Clerval venaient à Baume pour augmenter
la pompe de la cérémonie, et on leur délivrait pour leur
dîner ainsi qu'au seigneur de Neufchâtel « bien et lar-
» gement ce que lour plaisait, » selon l'expression de la
charte. « Mais c'était bel service que Messire li faisoit (1). »
Les mêmes cérémonies eurent encore lieu en 1373 et en
1388, années des deux dernières élections où parurent
les sires de Neufchâtel.

Nous avons parlé des guerres que les grands vassaux
du Comté soutinrent contre leur souverain. La terre de
Baume en souffrit longtemps; l'abbaye elle-même fut ré-
duite à un état voisin de la pauvreté. On ne peut en douter
à la vue d'un traité du 28 septembre 1344 par lequel Catherine de Montbozon fut reçue, à la recommandation
de la duchesse de Bourgogne, au nombre des religieuses.
Il fut stipulé que la nouvelle none ne percevrait qu'après
six ans les revenus de sa prébende, à cause des malheurs
qu'avaient supportés et que supportait encore le monastère au milieu des discordes civiles (2). La peste terrible
de 1348 qui fut suivie des incursions des Anglais, des
Routiers et des Tard-venus (1360-1375), fit de la terre

(1) Cartulaire de Neufchâtel.
(2) Mémoire sur procès.

de Baume une vaste solitude. Quatre villages y périrent, Cheseau, Visenay, Auvillers et le Poys. Ils ne se sont pas relevés de leurs ruines, et plusieurs domaines de l'abbaye eurent le même sort. La ville, dépeuplée par tant de fléaux, perdit un de ses quartiers, appelé la rue du Pont, qui s'étendait du côté du Doubs. Les lieux voisins ne furent pas moins maltraités, car Luxiol où, de mémoire d'homme on avait vu vingt-deux charrues, n'en comptait plus que deux en 1397 (1). La pauvreté publique se faisait sentir jusque dans le sanctuaire de l'abbaye. Un acte de 1366 nomme un héritage dont le prix est destiné à réparer la croix et les reliquaires de cette église. C'est le testament d'une religieuse (2), et l'on en trouve plusieurs de la même époque où les Dames de Baume prennent le titre de comtesse. Les distinctions du monde s'étaient introduites dans le cloître, et les vœux monastiques y étaient tombés en désuétude.

Alix de Montbozon fit reconnaître par Renaud de Boyans, abbé de la Grâce-Dieu, un cens annuel que ce monastère avait contracté, sous l'abbé Robert, en retour des dîmes de saint Juan que les religieuses de Baume lui avait cédées. Renaud se refusa au paiement

(1) Perreciot, concours de 1769.
(2) Invent. des titres de l'abbaye.

quelques années après, et il fut condamné par le bailli
de Bourgogne (1). Entre Alix de Montbozon et Louise de
Châlons, il faut placer une abbesse de la maison de Cusance nommée dans plusieurs mémoires et citée par
Dunod (2). Elle n'occupa qu'environ un an le siége abbatial. Louise de Châlons, fille du comte d'Auxerre, y
monta en 1375. Malgré l'illustration de son origine, elle
fut, à cause de sa mauvaise administration, dépossédée du
gouvernement par Guillaume, archevêque de Besançon,
qui le déféra à Béatrix de Montmartin. Louise de Châlons se pourvut contre cet arrêt. De grands procès s'éle-
vèrent à Rome et à la Cour. Ils furent terminés en 1386
par la médiation de Thiéhaud, sire de Rye, et du bailli
d'Amont. Madame de Montmartin se départit de l'administration, et elle fut rendue à Louise de Châlons qui
s'engagea par serment à bien régir les revenus de l'abbaye et à payer exactement les prébendes des religieuses.
Les titres de la mense conventuelle furent déposés à l'é-
glise dans un coffre commun dont chaque dame avait une
clef aussi bien que l'abbesse (3). Ainsi le pouvoir de la
supérieure, absolu dans l'origine, s'amoindrissait tous
les jours.

(1) Invent. des titres de l'abbaye.
(2) Dunod, Hist. du Comté, t. I, p. 162.
(3) Mém. sur procés.

Isabelle de Maisonval succéda à Louise de Châlons en 1388. Les habitants d'Anteuil lui avouèrent le droit de gîte qu'elle avait dans ce village, toutes les fois qu'elle y passerait pour les affaires de l'abbaye (1). Une notable diminution dans les revenus était l'effet des derniers fléaux auxquels le pays avait été livré. En 1374 les Dames de Baume avaient obtenu des souverains, pour réparer tant de pertes, une rente annuelle de 100 l. estev. sur la recette ordinaire de Vesoul (2). Malgré les dons qu'elles reçurent encore de la piété des fidèles, leurs sujets n'en étaient pas moins misérables au commencement du XVe siècle. Isabelle de Maisonval les fit exempter des tailles en 1405 (3). La ville avait aussi épuisé ses dernières ressources. Pour surcroît d'infortune, le pont du Doubs, dont le péage formait un de ses principaux revenus, fut emporté par les grandes eaux en 1407. Ne pouvant le rétablir eux-mêmes à cause de leur pauvreté, les habitants de Baume, pour ne point perdre leur commerce ni leurs marchés, abandonnèrent le péage à l'abbaye, à charge de réparer le pont incessamment, de l'entretenir et d'y laisser passer gratuitement tous ceux qui jouis-

(1) Invent. des titres de l'abbaye.

(2) Id.

(3) Id.

saient de ce privilége de toute ancienneté, comme les habitants de la ville et de la châtellenie, ceux de la partie septentrionale de Besançon, ceux de Montbozon, Vesoul, Luxeuil, Scey-sur-Saône, Port-sur-Saône, les nobles et les pélerins. La teneur de cette charte est assez curieuse. Elle montre les citoyens de Baume et les députés des villages de la terre s'assemblant devant le portail de l'église abbatiale où paraissent de leur côté, au son de la cloche, l'abbesse et les religieuses. Le bailli de Bourgogne avait autorisé la réunion. Les prêtres d'abord, puis les nobles, les bourgeois et enfin les manants sont successivement nommés. Cette communauté n'a point de chef qui la dirige et cependant elle traite d'égal à égal avec le chapitre. Le vicomte n'intervient point dans cette affaire, ni par lui-même, ni par ses officiers : ce qui fait voir que ses droits, longtemps contestés ou retenus, commençaient à se perdre, et comment, pour les recueillir, le pouvoir municipal naquit à côté du pouvoir judiciaire dont les baillis étaient déjà les représentants (1).

Ceux-ci firent dans l'abbaye, au commencement du XVe siècle, les fonctions de gardien dont les sires de Neufchâtel étaient autrefois si jaloux. En 1415, Jean-le-Bon, duc de Bourgogne, manda à son bailli d'Amont de garder,

(1) Perreciot, concours de 1769, pr. n° 31.

maintenir et défendre les religieuses pendant l'élection de leur abbesse, si Isabelle de Maisonval, alors malade, venait à mourir. Isabelle de Maisonval vécut jusqu'en 1418. Elle fut remplacée par Jeanne de Salins qui, en 1423, reçut une reconnaissance des domaines particuliers qu'elle avait à Mathay (1). Les années de son gouvernement s'écoulèrent dans la paix et dans l'abondance, plus heureuse encore si elle eût réprimé le relâchement des mœurs et remis en honneur la discipline du cloître. A sa mort dont l'époque est incertaine, le temporel de l'abbaye fut placé par le bailli d'Amont sous la main du souverain. On en donna levée à Marguerite de Salins, élue en 1440 et confirmée par Eugène IV dans sa dignité. Cette abbesse reçut l'hommage-lige d'Albert de Mathay (1441) et de Jean de Leugney, écuyer (1447). Elle fut maintenue par le gruyer de Bourgogne dans le privilège de couper en Franois (forêt de Baume) le bois nécessaire pour la réparation de ses moulins et fit avec la ville un réglement par lequel l'abbaye s'engageait à contribuer chaque année aux dépenses communales. Les dîmes de cette maison furent fixées au 20e dans les villages d'Ilièvre, Aïssey, Grosbois et Villers-le-Sec (2). Ces soins divers furent

(1) Invent. des titres de l'abbaye.
(2)   Id.

5

mêlés de quelques alarmes. En 1444, les Armagnacs, sous la conduite du dauphin de France, avaient pris leurs quartiers d'hiver en Alsace, après s'être emparé de Mont-béliard. De là quelques troupes détachées se répandirent dans la Franche-Comté, pillèrent les campagnes et en vexèrent les habitants. Ils vinrent jusqu'aux portes de Baume. Mais plus avides de butin que de combats, ils reculèrent devant cette place que l'on avait mise par de bonnes fortifications à l'abri de leurs insultes.

Agnès de Ray, élue en 1458, continua par d'utiles transactions l'œuvre pleine de sagesse que sa devancière avait commencée. Alard, sire de Cizoles (1), lui prêta serment pour les fiefs qu'il tenait d'elle dans plusieurs hameaux de la châtellenie. Les habitants de Soie, de Fontaine, de l'Hôpital obtinrent le réglement des dîmes au 20ᵉ (2). Ne passons pas sous silence deux actes plus importants. L'un est l'indult de Pie II qui assure à l'abbesse de Ray et à toutes les Dames qui lui succéderont le privilége de nommer en tout temps aux cures de leur patronage, quoique Nicolas V eût précédemment réservé au Saint-Siége la collation des bénéfices vacants pendant les mois de janvier, février, avril, mai, juillet,

(1) Les sires de Cizoles habitaient Baume depuis longtemps. Une rue de la ville porte encore aujourd'hui leur nom.

(2) Invent. des titres de l'abbaye.

août, octobre et novembre (1). L'autre intéresse notre industrie. C'est l'ascensement fait en 1464 par Agnès de Ray à Jean Patissier d'une place sur la rivière du Cusancin, pour y construire un moulin à battre le papier. Le cens annuel est de sept liv. et demi. Telle est l'origine de cette papeterie qui est peut-être la plus ancienne de la province (2). Agnès de Ray testa en 1474 et mourut l'année suivante. Jeanne, sa nièce, religieuse de notre abbaye, est nommée dans ce testament (3).

Sous le règne de Charles-le-Téméraire, la terre de Baume fut d'abord inquiétée à diverses reprises par les Suisses et les Allemands ou rançonnée impitoyablement par des garnisons (1472-1475). Mais un coup plus affreux la menaçait. Après les défaites de Granson et de Morat, le duc de Bourgogne, cantonné à La Rivière, cherchait à rétablir son armée en déroute, lorsqu'un parti composé de Lorrains, de Suisses et de Liégeois se jeta sur Baume au mois d'août 1476, le pilla, l'incendia et dispersa ceux des habitants qui échappèrent au carnage (4). Douce de la Roche taillée qui oc-

(1) Dunod, Hist. du Comté, t. 1.

(2) M. l'abbé Richard, dans son mémoire sur l'industrie franc-comtoise (couronné en 1835 par l'Académie ce Besançon), a cité un titre de 1478 concernant la même usine.

(3) Dunod, Nobil. de Bourg., p. 107.

(4) Gollut, p. 881. — M. Duvernoy, notice sur la seigneurie d'Héricourt, Mém. de l'Acad. de Besançon, janvier 1838.

cupa à peine un an le siége abbatial, venait de mourir. Elle avait été remplacée par Alix de Montmartin, dame de Remiremont ; et celle-ci avait fait conduire à Besançon les chartes de l'abbaye. Les papiers de la ville et presque tous les titres particuliers périrent dans les flammes. A peine les habitants furent-ils rentrés dans leurs demeures à demi ruinées, que les généraux de Louis XI ordonnèrent la destruction des remparts, comme pour leur ôter leur dernier asile. On se contenta ensuite de faire quelques brèches qui furent réparées plus tard. Mais le château fut rasé vers l'an 1482.

Les revenus du monastère ayant diminué par l'effet de ces malheurs, les prébendes des religieuses et des curés desservants durent diminuer en proportion. Ce fut néanmoins le sujet d'un procès que les parties intéressées suscitèrent à Alix de Montmartin devant l'officialité diocésaine. Les pièces de cette affaire montrent qu'au XVe siècle le nombre des Dames ne fut jamais complet. Au lieu de onze, suivant les prébendes, on n'en trouve que sept, six ou quelquefois cinq. Le service régulier se faisait à peine, puisque l'on s'absentait souvent et sans permission. Les nones possédaient aussi par une infraction manifeste aux règles de l'Eglise, des bénéfices à Remiremont où les mœurs n'étaient pas moins relâchées (1).

(1) Mém. sur procès.

Au milieu de ces désastres et de ces procès, les abbesses se succèdent rapidement. Nous voyons en 1484 une dame de Salins à la tête du monastère (1). Catherine de Neufchâtel la remplaça en 1493. Cette année même, la paix fut rétablie, et le comté de Bourgogne rentra sous le pouvoir de ses anciens maîtres. Dans les bulles que reçut la nouvelle abbesse, les religieuses sont exhortées à lui rendre le devoir de l'obéissance. Marguerite, sa nièce, lui succéda, avant 1510, époque où l'empereur Maximilien accorda à l'abbaye décharge de la somme de 20 fr. pour laquelle elle avait été imposée dans le don gratuit voté par les états. Cette faveur était une faible compensation des pertes que le monastère avait faites. Neuf ans auparavant, un incendie avait dévoré presque toute la ville; douze maisons seulement avaient été préservées du fléau.

Marguerite de Neufchâtel essaya de remédier à de plus grands maux. Elle voulut relever la discipline en rétablissant l'usage des vœux dans le monastère. Ses efforts demeurèrent sans succès. Un serment n'est qu'un vain mot pour des cœurs corrompus. Les inventaires nous ont conservé plus de cinquante titres de ce temps-là concernant les domaines de l'abbaye, ses dîmes, les hommes

(1) Mém. sur procès.

nobles dont elle recevait l'hommage. Quelques usurpations déterminèrent l'abbesse à implorer l'appui des papes contre les détenteurs de ses biens. Une bulle de 1538 oblige à les dénoncer sous peine d'excommunication ; elle fut renouvelée par Jules II en 1551. Précédemment Antoine de Vergy, archevêque de Besançon, avait été le médiateur d'un accommodement entre l'abbesse et Hugues de Soie, pour quelques églises dont celui-ci retenait les revenus.. Le prélat reçut du seigneur repentant la donation des terres usurpées et la remit lui-même à Marguerite de Neufchâtel (1).

Nous avons vu jusqu'à présent les religieuses de Baume élire leur abbesse. Ces vestiges de la discipline antique s'effacent dans le XVIe siècle. Les rois d'Espagne obtiennent de la cour de Rome un indult qui leur accorde à perpétuité le privilége de la collation dans les monastères du comté de Bourgogne. Ils interviennent à Baume pour la première fois après la mort de Marguerite de Neufchâtel qui avait pris pour coadjutrice, en 1539, Elisabeth de Morimont, sa nièce adoptive. Elisabeth fut confirmée dans sa dignité d'abbesse par lettres –patentes de l'empereur Charles-Quint et par des bulles données en 1551. Son premier soin fut d'honorer la mémoire de sa

(1) Mém. sur procés.

bienfaitrice. On lisait sur le tombeau qu'elle lui fit élever, l'inscription suivante :

Cy-git haute et puissante Dame, Madame Marguerite de Neufchâtel, Dame de Remiremont et abbesse de céans, fille de haut et puissant seigneur Messire Claude de Neufchâtel, chevalier de la Toison-d'or et de Dame Bonne de Boulai, seigneur et Dame du dit Neufchâtel, de Châtel-sur-Moselle, Beaurepaire, etc.... laquelle trépassa le 3 septembre 1549 (1).

L'abbesse méconnue dans ses droits et oubliant à son tour ses devoirs les plus sacrés, des procès sans nombre, une licence toujours croissante, le scandale porté à son comble, tels sont les traits caractéristiques de cette époque fatale. Une plume chaste se refuse à peindre en détail des mœurs aussi criminelles. Les religieuses avaient reçu en vain plusieurs fois les leçons du malheur. Trop faibles pour se corriger elles-mêmes, elles durent ce bienfait à la sollicitude d'un grand pape. Par une exception providentielle, Château-Châlon avait conservé, au milieu de la corruption générale, la pureté des traditions monastiques. Ce fut de là que saint Pie V tira la réformatrice de la ville de Baume.

(1) Dunod, Hist. du Comté, t. I, p. 158.

CHAPITRE IV.

Jeanne de Rye réforme l'abbaye de Baume. — Origine et progrès des institutions municipales.— Incursions de Tremblecourt.—Les Français cherchent à surprendre la ville. — Union des deux églises. — Établissement des capucins. — Hélène de Rye, abbesse. — Invasion des Suédois. — Baume est abandonné. — Misère des habitants.— La ville se repeuple lentement. — Traité entre la ville et l'abbaye. — Procès entre l'abbesse et les religieuses.— On rédige les coutumes de la maison.

A la mort d'Elisabeth de Morimont, le pape Pie V prit l'initiative de la collation, sans attendre le suffrage de la cour d'Espagne. Sa bulle du mois d'octobre 1571 porte nomination et translation au monastère de Baume, de Jeanne de Rye, religieuse de Château-Châlon. On lit dans cette pièce authentique que les Dames affichaient sans honte la licence de leur vie et qu'aucune d'elles n'était digne de gouverner les autres. Suit l'éloge de Jeanne de Rye. Le pape l'investit de toute autorité spirituelle et temporelle, lui ordonne de faire observer la règle de saint Benoît et de rétablir la clôture. Quoique cette nomination blessât les droits de sa couronne, Philippe II l'approuva par lettres d'attache, eu égard à la réformation que le pape s'était proposée ; et le parlement de Dole envoya Jeanne de Rye en possession , en lui donnant main-levée du temporel. La nouvelle abbesse restaura en effet par son zèle et par ses exemples la discipline dans l'abbaye de Baume. Les mœurs s'épurèrent ; les prébendes furent pourvues ; et les religieuses chantèrent matines tous les jours à deux heures après minuit, selon les institutions de saint Benoît. Mais la clôture et la vie commune ne furent point rétablies. La coutume avait irrévocablement prescrit contre elles (1).

Jeanne de Rye s'appliqua aussi à recouvrer les revenus qui avaient été dissipés par la corruption , et ceux dont les titres s'étaient perdus dans les trois incendies que la ville et l'abbaye avaient éprouvés en 1501, 1540 et 1560. C'est pourquoi on voit, pendant les dix années qu'elle occupa le siége abbatial, un grand nombre de terriers portant reconnaissance des droits du monastère. Elle régla avec le curé de Châtel-sur-Pont-de-Roide la redevance du patronage à 30 sols estevenants. Le temps avait insensiblement diminué cet impôt , et les Dames de Baume se contentaient souvent de l'hommage du titulaire , pour chaque cure qui dépendait d'elles (2).

(1) Mém. sur procés.
(2) Rech. sur Neufchâtel.

Cependant il s'était élevé à côté de l'abbaye une puissance qui fut quelquefois son ennemie, mais toujours sa rivale. Les institutions municipales dont nous avons fait remarquer le faible commencement, s'étaient agrandies. La communauté de Baume s'assemblait dès les premières années du XVe siècle pour pourvoir aux réparations des murailles, faire le guet et la garde et passer des contrats. Ces assemblées se tenaient d'après une permission qui fut renouvelée plusieurs fois par les baillis. La ville avait déjà son receveur en 1448, et, en 1471, ses bannières, son trompette à qui elle donnait une robe pour marque de sa charge, ses échevins et ses jurés qui établissaient des réglements de police. Mais ces officiers n'avaient point de juridiction. Pour faire exécuter leurs édits, ils étaient obligés d'avoir recours aux magistrats du bailliage; et ceux-ci les assignèrent à leur tribunal en 1498, parce que la communauté de Baume s'était réunie sans autorisation. En 1541, les habitants obtinrent, après plusieurs demandes et pour vingt ans seulement, un conseil de ville composé de douze jurés et de quatre échevins, des octrois assez médiocres et une juridiction de police. Des lettres-patentes de 1568 prolongèrent l'effet de cette concession; et on bâtit alors une maison commune. Enfin, en 1576, Baume eut une mairie per-

pétuelle avec les mêmes attributions que celle de Poligny.
Le magistrat, ou corps des officiers municipaux, com-
prenait le maire, trois échevins et huit conseillers, dont
le choix se faisait chaque année dans les derniers jours
de décembre. On élisait en outre vingt-quatre notables
pour délibérer dans les affaires importantes avec les membres du magistrat (1).

Les abbesses s'étaient efforcées de retarder les progrès
des institutions municipales. Aussi trouvèrent-elles dans
les maires des mandataires jaloux de la confiance de leurs

(1) Le dimanche qui suivait l'élection, le maire se rendait aux vêpres
de la paroisse avec les officiers de l'hôtel de ville, et, lorsque le *Pange
lingua* était achevé, il prononçait en face de l'ostensoir que le curé lui
présentait du haut du sanctuaire, le serment dont la simplicité est si
éloquente.

« Je, élu chef et maïeur de la ville de Baume, acceptant la dite charge,
office et dignité, jure Dieu tout-puissant, Père, Fils et St. Esprit, de
vivre catholiquement en union de notre mère, Ste. Eglise, catholique,
apostolique et romaine ;

» Aussy que je demeureray en la fidélité de bon et loyal sujet de S. M.
catholique et garderay ses droits et authorités ;

» Item que j'administreray bonne et briève justice et procureray qu'elle
soit administrée à tous sans hayne ou faveur de personne ;

» Et au surplus que je m'employeray de tout mon pouvoir à toute
chose qui me semblera utile et prouffitable pour ladite ville et police
d'icelle, et me rendray facile et communiquable à tous qui me requerront,
indifféremment aux pauvres qu'aux riches. Ainsy je le jure et le promets
sur le St. canon et devant le précieux corps de Dieu que je crois être icy
present en puissance et en essence. » (Extrait des regist. municip.)

Ces cérémonies se pratiquèrent jusqu'aux édits de 1764, concernant
les offices municipaux.

administrés et toujours prêts à les soutenir par les moyens qu'ils avaient à leur disposition. En 1577, on voit le conseil de ville, après une mûre délibération sur un droit de passage contesté par l'abbaye, résoudre gravement que, pour l'entretenir, on fera passer le lendemain la bergerie des chèvres dans les champs en litige et qu'on assistera le berger des deux sergents de la mairie. On ne saurait mieux peindre la simplicité des mœurs du temps et le naïf orgueil d'un pouvoir naissant.

Jeanne de Rye s'opposa en vain à l'élection du mayeur par une requête présentée à la cour. Ce fut le dernier acte de son administration. Elle mourut le 16 décembre 1582. Sa tombe la faisait voir dans le costume sévère d'une bénédictine. Revêtue d'une robe sans taille, elle était enveloppée d'un voile noir, et sou cou était couvert d'une guimpe.

Marguerite de Genève lui succéda en vertu d'un brevet du roi d'Espagne qui fut confirmé par une bulle du pape Grégoire XIII et enregistré par le parlement. Elle prit possession de l'abbaye le 22 novembre 1583. La paix de son gouvernement fut troublée par les incursions des troupes de Tremblecourt qui, au mois d'avril 1595, firent sur Baume une tentative de surprise et furent repoussées avec perte. Le 4 août de la même année, pen-

dant la nuit, un détachement de l'armée de Henri IV
qui était alors à Saint-Vyt, arriva aux portes de la ville
dans l'espoir de la piller à la faveur des ténèbres. Mais
les bourgeois, prévenus de leur projet, les attendaient
de pied ferme. Les assaillants n'étaient que trois cents.
Pour déguiser leur petit nombre ils firent battre dans le
lointin des tambours qui semblaient annoncer l'appro-
che d'un renfort considérable. Cette ruse n'ébranla point
le courage des habitants. Ils répondirent à toutes les sommations que, plutôt que de changer de maîtres, ils s'ense-
veliraient sous les cendres de leurs maisons. La nuit se passa
en menaces et en discours ; et le lendemain matin les
Français, honteux de leur échec, traversèrent le Doubs
pour aller ravager la montagne (1). La délivrance de la
ville fut célébrée longtemps par une procession annuelle.

Baume à l'abri de la guerre sous le règne fortuné des
archiducs Albert et Isabelle, songea d'abord à réparer
ses deux églises à demi ruinées. On prit ensuite le parti
de les réunir. L'abbesse que l'on n'avait pas consultée,
s'opposa à ce dessein, parce que ses droits de patronage
en étaient blessés. François Simonin, archevêque de Co-
rinthe, vint à Baume en 1613 pour lever les difficultés.

---

(1) Regist. municip.—D. Grappin, Hist. des guerres du XVIᵉ siècle.
— Perreciot, concours de 1769.

Il n'y réussit point. Le conseil de la ville, contrarié dans ses résolutions, prit en 1614 un arrêté sur les processions paroissiales. On voulait en exclure le chapitre ; on défendait aux curés de saint Sulpice et de saint Martin de se rendre dans l'église abbatiale, selon la coutume. Marguerite de Genève recourut à l'autorité ecclésiastique qui pacifia tout ; et l'union des deux paroisses fut consommée le 8 avril 1615, par Ferdinand de Rye, archevêque de Besançon, sous la réserve expresse des droits de l'abbaye (1). Les religieuses continuèrent à assister

(1) L'église des deux paroisses unies fut établie sous le double titre de St. Martin et de St. Sulpice, pour conserver le souvenir des anciennes églises de Baume. Achevée en 1621, elle ne fut consacrée qu'en 1660 par D. Joseph Saulnier, abbé de St-Vincent, évêque d'Andreville. La ville commençait à respirer après les guerres des Suédois et les malheurs qui les avaient suivies. Une inscription en lettres numérales qui fut composée pour la circonstance, rappelle en quatre mots la date de la cérémonie, les maux passés et l'espoir d'un meilleur avenir : PaX PaLMæ, æDe saCratâ (anciens regist. de la paroisse). En 1619, le Sʳ Moine, ancien curé de Melisey, retiré à Luxeuil, donna une somme de 10,000 liv. pour fonder dans l'église paroissiale de Baume, une familiarité composée de 12 prêtres y compris le curé. Les familiers devaient être bourgeois et fils de bourgeois. Cette fondation régularisa et améliora la position des prêtres qui étaient attachés au service de la ville. Car il existait depuis longtemps, à St.-Sulpice et à St. Martin, des communautés ecclésiastiques dont les membres sont appelés dans les chartes tantôt chanoines, tantôt familiers. Ils avaient déjà des biens communs en 1266.

Sur l'emplacement de l'église St.-Sulpice, on éleva dans le milieu du dernier siècle, la chapelle de la confrérie de la Croix, qui est aujourd'hui la maison Blevalet.

aux processions. Elles suivaient le clergé , modestement rangées sur deux lignes , l'abbesse en tête.

En 1618, les capucins demandèrent à établir un couvent à Baume. Leur réception causa de grands embarras, parce que plusieurs personnes s'étaient déclarées en leur faveur , avant qu'on eût fait aucune proposition au corps municipal. Mais les esprits les moins favorables à ce projet revinrent de leurs préjugés, lorsque Marguerite de Genève, du consentement de Paul V et des archiducs, donna aux capucins le riche héritage où leur maison fut bâtie. Des dons particuliers firent tous les frais des constructions (1). Le nombre des religieux fixé d'abord à 12, s'éleva sans réclamation jusqu'à 26. Ce couvent fut toujours un des meilleurs de l'ordre dans la province. Le collége de la ville en occupe aujourd'hui une partie ; le reste est devenu la propriété de divers particuliers.

Marguerite de Genève, accablée d'infirmités, sollicita en 1618 un brevet de coadjutrice pour Hélène de Rye, sa nièce d'adoption , qui devint abbesse quelques mois après. Entre deux puissances rivales, le moindre prétexte est un sujet de guerre. A Baume, c'était la cause d'un procès entre la ville et l'abbaye. Tantôt Hélène de Rye prétendait faire pâturer ses moutons à part, tantôt per-

(1) Regist. municip.

cevoir un droit sur la maison de ville ou ordonner la montre d'armes et la garde dans l'enclos du monastère. Le jubilé de 1628 fournit aux officiers municipaux l'occasion de se venger. Ils s'opposèrent aux exercices et aux prédications dans l'église abbatiale, en défendant aux habitants de s'y rendre. Ces querelles sans cesse renaissantes n'empêchaient pas la ville toute entière d'implorer, au pied des autels du monastère, la protection de saint Germain, lorsqu'une maladie contagieuse ou un bruit de guerre commençait à répandre l'effroi. En 1629, une fièvre dont les ravages s'étendaient chaque jour, cessa tout à coup au milieu des prières publiques. En reconnaissance de cette faveur qui fut attribuée à l'intercession de saint Germain, les habitants promirent de solenniser tous les ans la fête de l'illustre martyr dans l'église paroissiale. Le vœu en fut prononcé, le 11 octobre 1629, par le maire assisté des officiers municipaux et des notables (1). C'est en exécution de ce vœu que le saint est

(1) Glorieux St. Germain qui, par les secrets ressorts de la Providence, après avoir reçu dans le ciel l'auréole méritée par le martyre, en digne récompense de vos travaux, avez honoré la ville de Baume du sacré dépôt de votre corps et, par une affection toute paternelle, l'avez préservée du cours de mille dangers de guerre, de peste, de famine, en reconnaissance de ces faveurs, mais spécialement en mémoire de ce que par votre intercession, nous croyons avoir été délivrés et garantis des malheurs dont la contagion nous allait menaçant :

encore aujourd'hui honoré à Baume, comme protecteur de la ville.

Nous touchons à l'invasion des Suédois, ces farouches dévastateurs dont la trace sanglante est signalée dans les registres de nos mairies par un seul mot au milieu d'une page inachevée : Guerre ! leur nom est encore en hor-reur dans nos campagnes. Leurs cruautés y ont effacé le souvenir de tous les malheurs précédents. En 1634, les incursions des Français et les exigences des troupes es-pagnoles tourmentaient le bailliage de Baume et se fai-saient haïr également. C'était le présage de plus affreuses

Je, Pierre Damey, maieur en ladite ville, accompagné de Siméon-François Dolet, docteur ès droits, Pierre Rougemont et Claude Durand, docteur ès droits, avec Pierre Petit-Cuenot, échevins, Jean-François Le-vroz, docteur ès droits, Jean Gouget, François Jeannerot, François Ramas-son, Jean Pasquier, Hypolite De la goutte, Pierre Cornutet et Pierre Garneret, jurés, et Etienne Goujet, syndic ; prosternés devant le St.-Au-tel, au nom de tous les habitants dont la majeure part est ici présente, pour leurs hoirs, successeurs et ayant-cause, exerçant le pouvoir donné par les sieurs notables, promets et voue perpétuellement et à jamais fé-rier, solenniser le jour dédié à votre mémoire, onzième du mois d'oc-tobre, n'était que la récolte des fruits obligeât au travail.... et confor-mément à la permission du supérieur, faire célébrer les premières et se-condes vêpres avec la messe haute à diacre et sous-diacre, et puis d'ac-compagner en procession le clergé dans l'église abbatiale.... pour révé-rer, reconnaître et honorer vos saintes reliques : ainsi au nom que des-sus le promets, jure à Dieu et à vous, glorieux patron, confiant la ville et tous les habitants, dès maintenant et pour toujours, entre les bras de votre charitable protection : audit Baume, le onzième jour d'octobre mil six cent vingt-neuf. (Extrait des regist. municip.)

6

calamités. Appelé au pillage de la Bourgogne par la politique de Richelieu, le duc Bernard de Saxe-Weimar arriva le 6 juillet 1637 devant Baume, y entra sans résis-
tance, exigea une contribution de 140,000 liv. dont on
ne put lui payer que la moitié, et emmena six otages
pour le reste après avoir livré, avant son départ, la ville
et les habitants à la barbarie de ses soldats (1). Ce fut
assez de quelques jours pour ravager les terres, piller les
maisons de fond en comble, réduire aux plus fâcheuses
extrémités les tristes témoins de ces fureurs. Les champs
ne furent point ensemencés, tant la misère était grande.
On ne fit aucune récolte en 1638 et la famine joignit ses
rigueurs à celle de la guerre et de la peste. Les religieuses
avaient fui de bonne heure devant les pas des barbares.
Seule, Hélène de Rye était restée par un excès de dévouement. Elle abandonna enfin son monastère à demi
ruiné et se retira à Besançon emportant avec elle les reliques de saint Germain, celui de ses trésors auquel elle tenait davantage. Il ne lui fut pas donné de le replacer
sous les autels du cloître. Elle mourut à Besançon en 1647.

(1) Enfermés au château de Montbéliard, les otages obtinrent quelque
argent de leurs concitoyens. Au lieu de payer leur rançon, ils corrom-
pirent leurs gardes avec une partie de la somme, s'enfuirent et rappor-
tèrent encore à Baume trois ou quatre mille francs. Ils s'étaient tous
évadés, à l'exception du docteur De la goutte qui se rompit une cuisse
en voulant s'évader et mourut en 1638.

À l'exemple de l'abbesse, presque tous les habitants avaient quitté la ville. Ceux des villages voisins, plus malheureux encore, étaient tellement pressés par la famine qu'une femme d'Autechaux (décembre 1638) égorgea et mangea en trois jours un enfant de la Plainefin et mourut ensuite d'indigestion. Les pauvres cachés dans les forêts et dans les rochers faisaient indistinctement la guerre aux soldats épars qui couraient la campagne. Tout homme en armes était un ennemi pour eux; et ils cherchaient à lui arracher par surprise le pain qu'il leur refusait. Moins hardis quelquefois, ils se glissaient pendant la nuit dans la ville abandonnée, arrachaient les ferrements de leurs maisons et, à travers mille dangers, les portaient chez les Suisses en leur demandant du pain en échange.

Le duc de Weimar, en 1639, traversa Baume une seconde fois et le trouva désert. L'éloignement de ce chef ennemi ramena ensuite quelques habitants dans leurs demeures. La misère les y suivit. Ils furent rançonnés par des garnisons en 1640, inquiétés par des partis nombreux jusqu'en 1643 et, l'année suivante, pillés de nouveau. Le découragement s'empara d'eux. Ils demandèrent à quitter leur patrie pour se retirer partout où il leur serait permis d'être fidèles à leur Dieu et à leur roi. La tranquillité ne reparut qu'en 1649 (1).

(1) Regist. municip. — Id. Perreciot, concours de 1769.

A la mort d'Hélène de Rye, le magistrat prit la résolution de faire apposer les scellés dans le quartier abbatial
et reconnut le droit de gardienneté au Vicomte-Mayeur-
Capitaine (1). C'est la première fois que le maire de
Baume prend le titre de vicomte et qu'il jouit de quel-
qu'une des prérogatives qui y étaient attachées. On fit
l'inventaire des papiers d'Hélène de Rye, et ils furent déposés entre les mains du Maire. Ce fonctionnaire reçut
en 1648 Gasparine d'Andelot qui venait d'être pourvue
de l'abbaye; il la mit en possession du temporel et lui
présenta la crosse le jour de son installation (2). Elle
n'obtint ses bulles qu'en 1651 (3), et elle mourut l'année suivante, laissant à une autre le soin de réparer les
plus grands désastres que le monastère eût jamais es-
suyés et de conclure un accord avec la ville, dont les
termes étaient déjà arrêtés entre les parties. Voici les
principaux articles de ce traité.

(1) La charge de capitaine fut unie à celle de maire par lettres-patentes de 1618. Depuis 1729, le maire eut en outre le titre de lieute-
nant-général de police.

(2) Regist. municip.

(3) En cette année-là, on ne trouva pas à Baume 600 habitants. Il y
avait dans ce petit nombre 7 ecclésiastiques, 9 capucins, 23 personnes à
l'abbaye, religieuses ou domestiques, et 552 laïcs. (Regist. munnicip.)
Perreciot fait remarquer avec malice que, malgré cette dépopulation si
notable, on compta dans la ville, en 1652, 15 procureurs et 13 avocats.

« La révérende Dame abbesse, ses religieuses et les ecclésiastiques qui se trouveraient dans l'abbaye, demeurent exempts de la justice de la ville. Il n'en est pas de même des domestiques. L'abbesse pourra faire dans son enclos tous actes de moyenne et basse justice, sauf sur les habitants de la ville et de la terre de Baume.

» Elle demeure exempte avec ses religieuses de toutes les impositions et corvées communales auxquelles ses officiers et fermiers seront néanmoins assujettis pour leurs biens personnels. On ne lui réclamera rien pour le redressement des murs et des parapets ni pour les frais de pavements autour du monastère.

» Elle suivra les bans des vendanges pour toutes ses vignes, sauf pour la côte dite de l'abbaye.

» Dans les deux fours banaux, le tiers des revenus appartient à l'abbesse et les deux tiers demeurent à la ville. Celle-ci s'oblige à ne point construire de nouveaux moulins. Elle fait remise à l'abbesse de 40 liv. qu'elle devait pour l'entretien du prédicateur pendant les stations de l'avent et du carême.

» De son côté, l'abbesse cède à la ville, en toute propriété, le pont et les maisons qui en dépendent (1). Elle

(1) D'après cet accord, le pont rapportait 300 livres avant les guerres. Son revenu, en 1652, n'était plus que de 120 livres. Il s'élève aujourd'hui à plus de 8000 fr.

abandonne le droit de quise (1). Quant à une redevance en vin que les Dames de Baume appellent dîme à volonté, tandis que les habitants la regardent comme une aumône, elle est fixée à une pinte par muid, au serment des particuliers. Le curé de Baume en percevra le sixième pour les rentes de l'ancienne cure saint Sulpice.

» Enfin les habitants établiront comme précédemment, sans la participation de l'abbaye, les recteurs d'école, les messiers et les gardes. Eux seuls pourront admettre les étrangers aux droits de bourgeoisie. »

On avait demandé au pape la confirmation de ces articles. Le 23 août 1653, quoiqu'elle ne fût par arrivée, les parties s'engagèrent réciproquement à observer le traité pour entretenir entre elles la bonne intelligence. Renée-Hélène de Laubespin était alors abbesse de Baume. Nommée par le roi d'Espagne, le 31 janvier 1653, elle fut instituée canoniquement par Innocent IV et prêta serment entre les mains de l'archevêque de Besançon. Il y avait à peine quatre religieuses à l'abbaye. Les autres, retirées chez leurs parents, réclamèrent les revenus de leurs prébendes. Ce fut la matière d'un procès d'autant plus déraisonnable qu'Hélène de Laubespin, occupée à re-

(1) Ce droit consistait en une imposition que l'abbesse pouvait faire, de cinq ans en cinq ans, sur ceux qui tenaient feu dans certains meix.

cueillir les débris de ses héritages desolés par les guerres, avait à peine de quoi subsister elle-même. Un traité de 1661 termina la contestation. Il reconnaissait l'invariabilité des prébendes et les réduisait de moitié, pendant six ans, à cause des malheurs passés (1).

Ce traité fut ponctuellement exécuté jusqu'à la mort d'Hélène de Laubespin. Sa coadjutrice, Marie d'Achey, ancienne religieuse d'un autre monastère, ne fut point agréable aux Dames de Baume. Le relâchement, suite inévitable des habitudes plus douces que les religieuses avaient contractées dans leurs familles pendant les derniers désastres, faisait gémir la pieuse abbesse. Elle veut, mais trop tard, s'opposer au progrès du mal. L'insubordination s'accroît; Marie d'Achey se voit disputer la crosse, « à telles enseignes, dit un mémoire du temps, » que le jour de l'Assomption ses inférieures se soulèvent » contre elle en plein chœur, lui dérobent le ton et le » commencement des hymnes, l'empêchent de faire son » exhortation, la raillent, l'insultent, la menacent en

(1) Chaque prébende consistait en 105 mesures de froment, 24 d'avoine, 2 muids de vin pur, une quarte de pois, une de fèves, une d'orge, 3 pintes d'huile, 7 œufs crûs et un cabri fricassé à Pâques. L'abbesse devait en outre faire tuer, chaque année, un bœuf gras à la Toussaint, 3 moutons à l'Ascension, autant à la Pentecôte, 3 pourceaux à Carnaval, à répartir entre les religieuses et les officiers de l'abbaye. Chaque Dame recevait en argent 1 fr. à Noël et 20 livres à la fête de Ste.-Magdelaine.

» présence de tout un peuple et à la face du Dieu redou-
» table dont l'aspect fait trembler les anges. » Je n'ai
pas besoin de dire de combien de procès le parlement
fut saisi, ni combien de factums augmentèrent l'aigreur
de la dispute. Par un arrêt de 1677, Marie d'Achey maintenue dans le droit de correction, fut condamnée à payer
aux religieuses leurs prébendes entières, sauf à leur céder, si elle l'aimait mieux, le tiers des revenus de l'abbaye. Marie d'Achey avait aussi soutenu un procès contre
Antoine-Pierre de Grammont, qui avait fait mettre au
concours la cure de Verne, en exécution des décrets du
concile de Trente sur les bénéfices vacants dans les mois
réservés. Le parlement, par un arrêt de 1675, assura
à l'abbesse de Baume le privilége de nommer à toutes
les cures de son patronage, en quelque temps qu'elles
vinssent à vaquer (1).

Marie d'Achey étant morte, Françoise de Thyard de
Bissy monta sur le siége abbatial en 1684. Le comté de
Bourgogne avait été définitivement réuni à la couronne
de France. Ce fut donc de Louis XIV qu'elle reçut son
brevet. Elle travailla avec ardeur à rétablir la paix dans
l'abbaye et fut merveilleusement secondée par Antoine-
Pierre de Grammont, le restaurateur de la discipline ec-

(1) Dunod, hist. du Comté, t. I, p. 160.

clésiastique dans notre diocèse. Divers actes importants furent le fruit de leurs efforts combinés. Nous voyons d'abord en 1685 un traité entre l'abbesse et les religieuses, qui a pour objet le choix des nièces. On y reconnaît à chaque Dame le droit, autorisé par un usage fort ancien, de se choisir pour nièce une fille noble, de l'adopter avec l'agrément de l'abbesse, et de lui transmettre une prébende dont les fruits seront retenus, pendant la première année, pour soulager l'âme de la défunte à laquelle elle succédera. Il fut décidé aussi que l'on dresserait un état des coutumes de la maison. En effet, le coutumier fut arrrêté, à la participation du même prélat, le 31 août 1685, puis interprété et développé en 1701 (1).

L'extrait que nous en donnons n'est pas sans intérêt historique.

« Il y a dans l'abbaye de Baume onze prébendes qui doivent être remplies sitôt qu'elles viendront à vaquer. Madame l'abbesse a le droit d'y pourvoir, après le décès de Dames religieuses qui n'auront pas de nièces, et elle ne pourra proposer que des filles de qualité, lesquelles elle présentera aux Dames pour examiner si leurs titres sont de seize lignées déjà jurées ou suffisantes pour être jurées par quatre gentilshommes non suspects (2).

(1) Mém. sur procès.
(2) La noblesse de nom et d'armes était seule reçue dans l'abbaye.

» Lorsqu'on doit douner le couvre-chef à une Demoiselle, elle s'habille de noir, se coiffe modestement et va
entendre chez Madame l'abbesse la lecture de son traité
de réception. Cela fait, toute l'assemblée se rend à l'é-
glise où, un prêtre tenant le Saint-Sacrement, un autre
le livre des évangiles, les jureurs s'approchent et assurent avec serment que la Demoiselle a les seize quartiers
exigés. La tante de la prétendante présente celle-ci à
Madame l'abbesse et lui dit : « Madame, voici ma nièce
» que je vous présente pour lui donner le couvre-chef. »
La fille se mettant à genoux, Madame lui dit : « Ma fille,
que demandez-vous ? — Du pain et de l'eau, pour l'a-
mour de Dieu. — Vous aurez du vin, si vous êtes sage,
lui répond Madame l'abbesse qui lui met le couvre-chef,
lui donne sa bénédiction et l'embrasse. »

C'est ainsi qu'une demoiselle devenait novice. Pour la
profession, elle s'y préparait par une confession générale
et après avoir reçu la barbette, signe distinctif des Dames
professes, elle signait l'acte de sa renonciation aux biens
de famille, sous la réserve d'une pension annuelle. On la
conduisait ensuite à l'église où l'abbesse, revêtue de son
manteau, lui faisait prononcer les vœux suivants ;

L'usage des preuves s'est établi dès le XVIᵉ siècle, lorsque les annoblis-
sements devinrent plus communs, et que la noblesse de robe s'éleva à
côté de la noblesse d'épée.

« Je... promets et voue à Dieu, en présence de la glorieuse Vierge Marie, de tous les saints et saintes dont les reliques reposent ici et de vous, Madame, abbesse de céans, les trois vœux de religion, pauvreté, chasteté et obéissance, avec bonne conversion de mœurs, selon la forme et la coutume de la maison. Ainsi Dieu me veuille aider, amen. »

« Le jeudi saint, avant prime, les Dames et novices assemblées au chœur vont l'une après l'autre se mettre à genoux devant Madame l'abbesse pour lui demander pardon et sa bénédiction. Ensuite les Dames se demandent pardon l'une et l'autre, se faisant seulement la ré-révérence.

» Le jour de Pâques, pendant que l'on sonne prime, les Dames et novices vont chez Madame l'abbesse pour la suivre à l'office et la ramènent de même, son crossier marchant devant elle. A l'AGNUS DEI, le sous-diacre porte baiser la paix à Madame l'abbesse, ensuite à toutes les Dames et novices; après quoi la plus ancienne Dame va prendre Madame l'abbesse et la conduit au bas des stalles, à un siége préparé du côté de l'épître, lui met la crosse en main et la salue. Toutes ces cérémonies ont lieu les jours de la Pentecôte, de l'Assomption et de Noël. Ces fêtes, comme celle de Pâques, sont nommées jours de crosse, et on doit alors se confesser au directeur de Madame l'abbesse.

» Le premier jour de l'an, les religieuses se rendent en corps chez Madame l'abbesse pour la reconnaître comme leur supérieure et lui demander la permission de jouir de leurs biens selon la coutume.

» Les Dames ne peuvent sortir ni pour se promener ni pour rendre visite sans la permission de Madame l'abbesse. En l'absence de celle-ci, c'est la plus ancienne Dame qui a la clef de la porte de l'abbaye et la conduite de tout ce qui regarde le spirituel. Une novice âgée de plus de douze ans ne pourra sortir de l'abbaye que dans la compagnie de sa tante, sans le congé exprès de Madame l'abbesse.

» Lorsqu'une Dame meurt sans nièce, Madame l'abbesse peut gratifier qui il lui plaît des héritages et maison que possédait la défunte. Quant aux meubles, elle peut les garder pour elle-même.

» Si une Dame vient à s'oublier de telle sorte qu'elle commît quelque action scandaleuse, elle sera *calangée* en plein chapitre, et là il sera délibéré si le cas est assez grave pour qu'on ôte à la coupable son rang, le droit de prendre une nièce et d'avoir voix au conseil. La chose sera décidée à la pluralité des suffrages.

» De toutes ces coutumes il n'en est point qui oblige sous peine de péché que la récitation de l'office divin et les trois vœux. Les Dames disent quatre psautiers en carême; et ils peuvent être changés par l'abbesse en d'autres prières. »

En 1686, une sentence arbitrale de deux gentilshommes vi nt assoupir les querelles renaissantes et confirmer, par une autorité nouvelle, les arrêts du parlement, le traité de 1685 et le coutumier. Tout était réglé dans l'abbaye; tout lui promettait dans le siècle suivant une ère de prospérités. C'était au contraire le temps marqué pour sa ruine.

CHAPITRE V.

Angélique de Bissy et Marie II d'Achey, abbesses de Baume. — Henriette de Crux-d'Amas. — Elle fait reconstruire l'église abbatiale. — Description de cette église. — Procès entre Mme d'Amas et les religieuses. — Arrêts du parlement. — Dernières abbesses de Baume. — Costumes des Dames. — Officiers de l'abbaye. — Faits divers qui se rattachent à la révolution de 1789. — Les reliques de St. Germain sont conservées.

—o◁◁◁◁◁◁◁◁◁▓▷▷▷▷▷▷▷▷▷o—

Françoise de Bissy ne se contenta pas de donner un réglement à l'abbaye ; elle en rendit encore par sa bienveillance l'accomplissement plus facile. Chère aux religieuses dont elle augmentait l'aisance, en leur relâchant le tiers des revenus, elle laissa en 1725 sa crosse à sa sœur, Angélique de Bissy, qui ne la porta que trois ans. Marie d'Achey, deuxième du nom, lui succéda en 1728, et fut bénite par l'évêque de Bâle. Sous son administration, une demoiselle de Saint-Vandelin fut exclue du chapitre, en 1734, parce que ses preuves de noblesse n'étaient pas suffisantes. En 1736, l'abbesse obtint un monitoire pour reconnaître les héritages usurpés sur elle. La seigneurie de Pouligney lui fut d'abord disputée par le sire de Lanans. Puis dans un accord conclu en 1738, ce baron

avoua que la moyenne et la basse justice du lieu appartenaient à l'abbesse. Celle-ci avait droit de gîte chez tous
les habitants de Pouligney, mais une fois dans leur vie
seulement (1).

Marie d'Achey choisit pour coadjutrice Henriette de
Crux-d'Amas qui, à la mort de sa tante, arrivée en 1750,
prit possession du siége abbatial avec le consentement
des Dames et reçut à Crux, de l'évêque de Nevers, la bénédiction usitée. A l'exemple des abbesses auxquelles
elle succédait, elle céda d'abord à ses consœurs le tiers
des revenus, mais toujours par manière de grâce et en
se réservant dans un acte authentique la faculté de
payer plus tard les prébendes, si elle le jugeait conve-
nable.

Les religieuses de Baume se donnaient déjà, vers la fin
du siècle précédent, le titre de chanoinesse dans leurs
lettres. On le leur contesta, lorsqu'elles l'employèrent
dans les contrats. Mais, sur la demande de Madame d'A-
mas, le Roi leur en assura la possession en 1755. Il permit aussi à l'abbesse de prendre la qualification d'illustre
et révérende Dame.

C'est à Madame d'Amas que l'on doit l'église abbatiale
que l'on admire encore aujourd'hui. Dès son avènement,

(1) Invent. des titres de l'abbaye.

elle conçut le projet de la bâtir. De nombreux fermages
échus depuis longtemps et qu'elle s'appliqua à recouvrer,
ses propres pensions, le riche héritage que Marie d'A-
chey lui avait laissé, telles étaient ses ressources. Elle
les dépensa avec une glorieuse imprévoyance. Nicole,
l'architecte de sainte Magdelaine, fut chargé de l'entre-
prise. Il traça des plans magnifiques ; mais les travaux ne
furent pas achevés; car les trois nefs dont on aperçoit la
naissance, devaient s'étendre sur une largeur considérable jusqu'à la porte principale de l'abbaye. Elles sont ter-
minées par un mur provisoire qui est perpendiculaire à
l'axe de l'église. L'édifice est de l'ordre composite. Une
coupole d'un effet grâcieux s'élève au milieu du chœur dont
les colonnes, les pilastres et surtout les chapiteaux sont
remarquables par la richesse des marbres, comme par
l'élégance et le fini des détails. La corniche qui règne
autour du monument est moins heureuse. Les moulures
sont trop entassées et trop égales dans la partie qui tou-
che à la frise. L'entablement prend des formes contour-
nées ; et il en est de même d'une attique élevée qui re-
pose sur la corniche dans le pourtour du sanctuaire. En
un mot, malgré la beauté de l'ensemble, on voit que
cette construction appartient à la seconde moitié du
XVIII° siècle, alors que l'architecture, abandonnant les

traditions classiques, se distinguait par un goût faux et maniéré.

Le sanctuaire était parqueté en pierres polies et revêtu de marbres d'Italie, liés entre eux par divers ornements en cuivre. Au fond, quatre colonnes de marbre blanc, chacune d'une seule pièce, encadraient le maître-autel (1). Trois tableaux en relevaient l'éclat. Celui du milieu, ouvrage d'un peintre fort habile, figurait la présentation de la sainte Vierge au temple.

En 1760, le chœur était terminé (2). Mais Madame

(1) En 1810, le Ministre de l'intérieur fit enlever ces quatre colonnes qui furent transportées aux Tuileries pour décorer la chapelle de l'Impératrice.

(2) L'ancienne église fut alors abandonnée et démolie. Elle occupait un assez vaste emplacement à quelque pas de la nouvelle, sur la gauche. Elle était surmontée d'un clocher qui s'écroula sous le gouvernement de Marie I d'Achey. L'aînée des dames de Bissy y fit faire quelques réparations. Il n'en reste aujourd'hui que trois contreforts qui servent à étayer des bâtiments élevés au milieu des ruines. Au-dessous s'étend une cave à trois nefs. L'édifice supérieur qu'elle soutenait avait sans doute les mêmes dimensions. On peut conjecturer qu'elle avait elle-même servi d'église, puisque le sol de la ville s'est considérablement exhaussé par suite des trois incendies qu'elle éprouva dans le XVIe siècle. En 1840, on a découvert, en creusant une cave sous l'une des maisons du cloître, trois couches de débris très distinctes et à cinq ou six pouces de distance l'une de l'autre.

L'ancienne église n'offrait rien de remarquable sous le rapport de l'architecture. Elle était décorée d'un grand nombre de groupes en pierres, de reliquaires et de statues d'assez mauvais goût. On en voit encore quelques-uns dans la chapelle du cimetière.

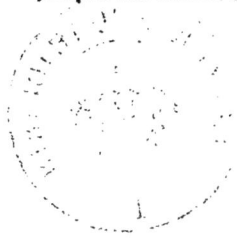

7

d'Amas se voyait hors d'état de continuer ses dépenses.
Elle imagina de payer les prébendes aux chanoinesses,
au lieu de leur céder le tiers des revenus. Cette résolution
fut le signal d'une guerre ouverte dans l'abbaye. Madame
d'Amas, issue d'une famille étrangère, vit son chapitre
se soulever contre elle, soutenu par toute la noblesse de
Bourgogne et en particulier par la confrérie de saint
Georges à laquelle les Dames de Baume étaient affiliées.
Un arrêt rendu au parlement en 1762 mécontenta également les deux parties qui en appelèrent chacune de son
côté. On remit en question si l'abbaye était de l'ordre de
saint Benoît et si l'abbesse pouvait gouverner sans la participation de ses consœurs. On reprocha à Madame d'A-
mas de laisser vaquer les prébendes et les charges laïques
pour s'en approprier les revenus. Ses libéralités et la
magnificence de son église devinrent même un sujet
d'accusation. De célèbres avocats furent les organes
des récriminations sans nombre que l'abbesse et les religieuses s'adressèrent; et la province fut remplie de mémoires piquants, de lettres critiques, auxquels le savant
D. Berthod et Perreciot, jeune alors, n'étaient pas étrangers. On attendait avec impatience une seconde décision
du parlement. Elle parut en 1765 et régla seulement les
prébendes. Mais Madame d'Amas était déjà malade depuis

plusieurs années. Elle mourut en 1767, et Madame de Jouffroy fut chargée momentanément de l'administration. Cet évènement, plus efficace que les arrêts de la Cour, apaisa tous les débats.

Philippine-Léopoldine d'Andelot en 1767, Angélique Perronne de Laubespin en 1773, et Marie-Françoise de Mouchet de Laubespin en 1787 furent les dernières abbesses de Baume. Excepté quelques démêlés avec la ville (1), rien n'altéra sous leur gouvernement la paix et l'union si nécessaires à une maison religieuse. Aussi les anciens de Baume vantent-ils encore les vertus des Dames de l'abbaye, leur modestie au chœur, leur régularité édifiante et surtout l'abondance de leurs aumônes. Elles faisaient elles-mêmes l'éducation de douze orphelines. Dans l'hiver rigoureux de 1789, les pauvres du pays durent à leur charité la conservation de la vie.

Pour compléter ce Mémoire, nous parlerons encore du costume des religieuses, des charges laïques de l'abbaye et des faits qui se rattachent à la révolution de 1789. L'habit des Dames de Baume changeait un peu avec le temps et la mode dont elles suivaient de loin les exigences. A la fin du XVIIIᵉ siècle, il consistait en une robe noire.

(1) Au commencement de la Révolution, la ville et l'abbaye étaient encore en procès. Celle-ci demandait à la partie adverse l'hommage des langues de tous les bœufs que l'on abattait dans les boucheries.

ceinte d'un cordon de laine. Leur coiffure était un voile
épais, en crêpe noir, surmonté d'une pièce d'étoffe, large
de quelques doigts et connue dans les vêtements de l'é-
poque sous le nom de petit-mari. Au chœur, elles portaient un ample manteau, bordé d'une pelleterie blanche.
L'abbesse avait la bordure en hermine, et son manteau
était à queue traînante.

Quant aux officiers, laïcs les cinq principaux étaient le
grand juge et le grand maire, chargés de la justice et de
la haute police dans les domaines de l'abbaye ; le grand
gruyer qui veillait au maintien des droits de chasse que
la maison possédait dans toutes les forêts de la terre de
Baume et dans plusieurs autres du voisinage ; l'écuyer qui
assistait aux montres d'armes pour lesquelles les sujets du
monastère pouvaient être requis ; le crossier enfin dont
la fonction était de porter devant l'abbesse, aux quatre
grandes fêtes de l'année, les insignes de la dignité abbatiale. Les gentilshommes du pays se faisaient un honneur de remplir ces différentes charges. On leur devait
pour cela une prébende annuelle dont ils n'exigeaient pas
le paiement. Il y avait encore des offices subalternes,
comme celui de fourrier, attaché à la terre d'Autechaux. Je n'ai pu découvrir quelles en étaient les attributions.

La révolution française et le vandalisme, né de ses excès, n'ont laissé de tant d'antiquités et de magnificence que des débris qui perdent leur nom et un souvenir qui s'efface chaque jour. L'effervescence populaire fit sa première explosion dans le bailliage de Baume au mois de juillet 1789. Les abbayes de la Grâce-Dieu et des Trois-Rois, les prieurés de Chaux et de Lanthenans, plusieurs châteaux et même les études de certains notaires furent dépouillés de leurs archives par les paysans. Baume ne fut pas épargné. Le 25 juillet, la plupart des communautés de la terre et du voisinage se présentèrent en armes et leurs échevins en tête, chez l'abbesse, et lui arrachèrent par des menaces tous les papiers relatifs aux droits de l'abbaye sur leurs territoires respectifs. Quelques titres furent rendus; mais le plus grand nombre resta au pouvoir des détenteurs, malgré les ordres de l'intendant de la province. Le 2 août 1790, aux termes des décrets de l'assemblée nationale, le district de Baume fit faire l'inventaire des meubles et des papiers du chapitre. Les Dames témoignèrent toutes (1) leur désir de vivre en

---

(1) Les chanoinesses professes étaient alors au nombre de six : Marguerite de Belot de Mauvilly, Anne-Elisabeth-Alexandrine de Jouffroy, Henriette de Crécy, Camille-Philippine de Raincourt, Césarine-Elisabeth de Montrichard, Antoinette-Joséphine-Marie-Théoduline de Grammont. Il y avait en outre quatre chanoinesses reçues et prébendées,

paix dans la profession monastique qu'elles avaient libre-
ment embrassée. Elles déclarèrent que leurs maisons ne
pouvaient pas être considérées comme biens de chapitre,
puisqu'elles les avaient bâties de leurs deniers ou avec
l'aide de leurs parents. Cette observation fut encore renouvelée plus tard, mais toujours sans succès. L'abbaye fut
fermée au commencement de 1791; et le 5 octobre de la
même année, les titres particuliers des chanoinesses
furent inventoriés et remis au district. Leurs maisons,
déclarées propriétés nationales, furent vendues avec le
quartier abbatial au nom de l'état. Enfin, à la faveur de
l'anarchie, les patriotes livrèrent aux flammes sur la place
publique toutes les pièces des archives qui tombèrent
entre leurs mains. Françoise de Laubespin, avec la plupart de ses chanoinesses, s'était retirée en Suisse. Elle
revint à Besançon après le règne de la terreur, et y mourut dans un état voisin de la misère.

L'église abbatiale cédée deux fois à la ville sous le
gouvernement impérial, fut reprise deux fois par l'administration des domaines. Mais en 1811, la ville l'obtint
de nouveau et pour toujours. On la rendit momentané-

---

quoiqu'elles n'eussent pas encore prononcé leurs vœux : Louise-Alexan-
drine Marie-Théoduline de Grammont, Jeanne-Baptiste-Charlotte-Marie-
Xavière-Théoduline de Grammont, Marie-Françoise-Suzanne-Bernardine
de Lainzebourg et Gabrielle-Ursule-Alexandrine de Bouzi.

ment aux exercices du culte, en 1827, lorsque la charpente de l'église paroissiale entraîna en s'affaissant la chute de la voûte et la dégradation du reste de cet édifice. L'église abbatiale sert aujourd'hui de halle aux bleds. En 1834, on y a construit, pour l'instituteur communal, un corps de logis en bois, qui occupe une partie de l'aile droite et dépare un monument si digne d'être conservé.

Citons du moins, en finissant, un trait qui fait honneur à la piété de nos pères. Lorsque l'abbaye eut été fermée, les reliques de saint Germain, protecteur de la ville, furent transportées dans l'église paroissiale, le 11 octobre 1791, à la demande du conseil général de la commune et avec le concours de toutes les autorités du temps. Les habitants de Baume avaient sollicité cette translation avec de grandes instances, « afin, disaient-ils dans leur requête au conseil du département, « afin de » n'être point privés de pouvoir prier les reliques d'un » saint en qui nous avons la plus grande confiance et » que l'on expose durant les calamités publiques. » Ainsi les précieux restes du patron de l'abbaye ont traversé les orages de la révolution, protégés par la foi et par la reconnaissance des peuples. Ils sont encore aujourd'hui le plus bel ornement de la paroisse, la sauve-garde de la cité, l'objet d'une vénération universelle.

LISTE CHRONOLOGIQUE

DES ABBESSES DE BAUME.

Elisabeth.. . . . . 1054.

Adeline I.. , . , ... 1065.

Adeline II. . . . . 1117.

Etiennette de Bourgogne. . . . . . . 1119.

Sibille.. . . . . 1143.

Etiennette de Montfaucon. . . . . . . 1162.

Clémence de Bourgogne. . . . . . . 1204.

Blandine de Châlons. . · . . . . 1218.

Nicole de la Roche. . . . . 1266.

Béatrix de Bourgogne. . . . . . . 1276.

Béatrix de Cromari.. . . . . 1313.

Sibilette de Vaire. . . . . : . . . 1326—1355.

Alix de Montbozon. . . . . 1355—1374.

N. de Cusance. . . . . 1574 – 1575.

Louise de Châlons. . . . . 1375—1388.

Isabelle de Maisonval. . . . . . . 1388—1418.

Jeanne de Salins.. . . . . 1423—1440.

Marguerite de Salins. . . . . . . 1440 – 1458.

Agnès de Ray. . . . . . . , . . 1458—1475.

Douce de la Roche taillée.	1473—1476.
Alix de Montmartin..	1476—1484.
N.......... de Salins..	1484 – 1493.
Catherine de Neufchâtel.	1493..........
Marguerite de Neufchâtel.	1510—1549.
Elisabeth de Morimont..	1549—1571.
Jeanne de Rye. . . ,	1571—1582.
Marguerite de Genève.	1582—1618.
Hélène de Rye.	1618.—1647.
Gasparine d'Andelot.	1648 – 1652.
Hélène de Laubespin. . . ,	1655 – 1661.
Marie I d'Achey..	1661 – 1684.
Françoise de Thyard de Bissy..	1684 – 1725.
Angélique de Thyard de Bissy..	1725 - 1728.
Marie II d'Achey.	1728—1750.
Henriette de Crux-d'Amas.	1750—1767.
Léopoldine d'Andelot.	1767 – 1773.
Angélique Perronne de Laubespin.	1773 – 1787.
Marie-Françoise de Laubespin.	1787—1791.

TABLE DES MATIÈRES.

-○◁◁◁◁◁◁◁◁❀▷▷▷▷▷▷▷○-

CHAPITRE V.

FIN DE LA TABLE.

Besançon. — Imprimerie de Bintot.

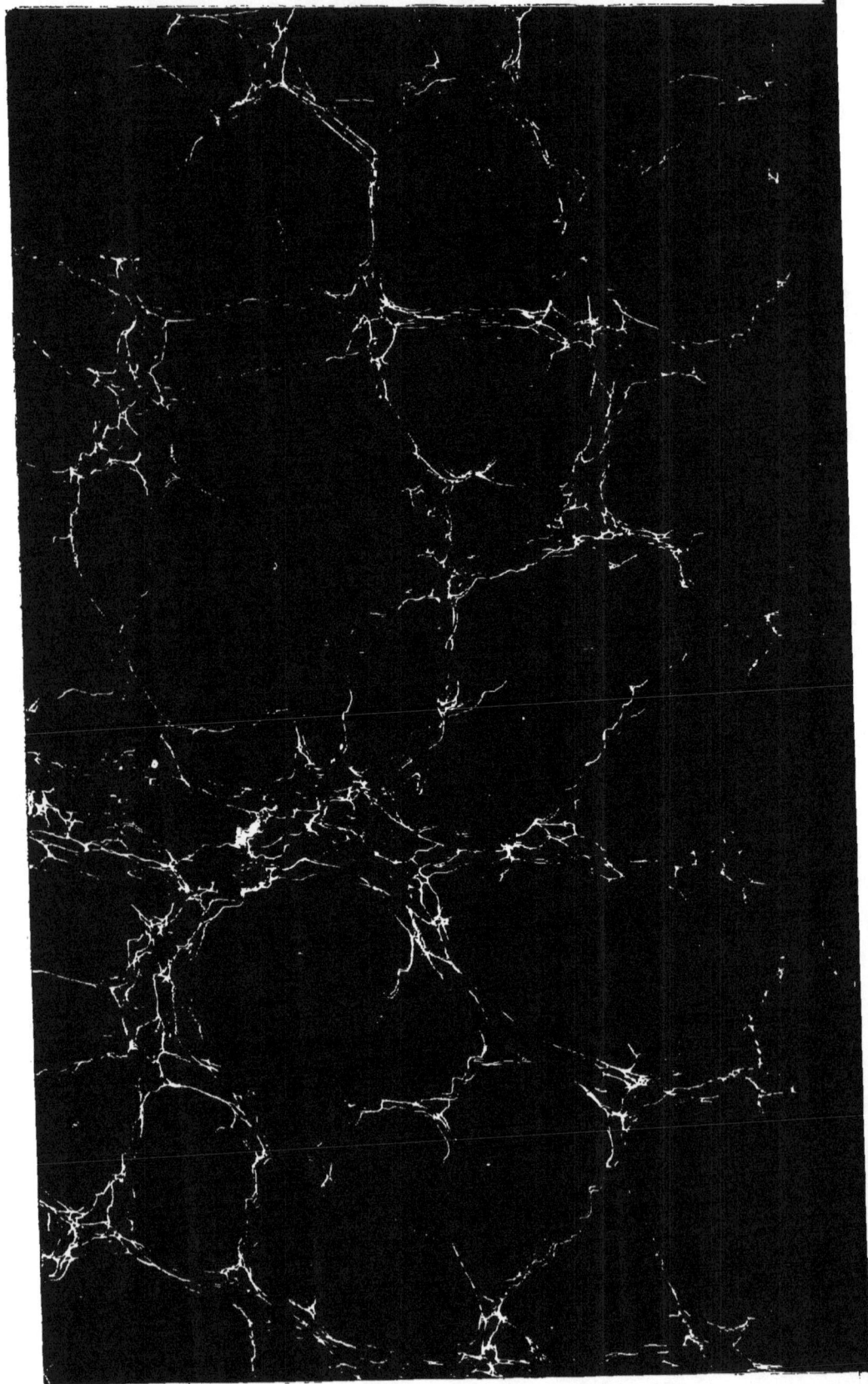

www.ingramcontent.com/pod-product-compliance
Lightning Source LLC
Chambersburg PA
CBHW070016110426
42741CB00034B/1909